新版 法則化教育格言集

学芸みらい教育新書 ⑮

向山洋一
Mukoyama Yoichi

JN219307

学芸みらい社

まえがき

短い言葉だからこそ、心に残ることがあります。なおかつ、人の生き方の指針となる教訓は、いつの時代でも多くは短い言葉なのです。

もとより、教育の実践記録や教育の理論は、きちんとした文章で読むべきものです。そこで私たちは、すばらしい「実践」に出あったり、なるほどと思う「理論」に出あったり、あるいは、この人こそはと思う「教師」に出あったりします。

自分の目標とする本や書物、つまりは自分の目標とする、あるいは憧れをもたらす「実践」や「教師」に出あえた人は幸せです。

目標になる「実践」や「教師」が存在するということは、常に自分の心の中で「自分の実践と目標とする実践」との比較が行われるからです。そうすることによって、自分自身を反省することができ、低い水準で満足することなく、常に向上しようとする自覚をもって前進することができるのです。

それは、人を謙虚にさせ、自身の器を大きくするといえましょう。

長い歳月をかけて努力するなかで、自分の目標とする「実践」や「教師」に近づいたと思えるころは、その目標を越えるような力のある教師になっているにちがいありません。

先人は、後から来る人にのり越えられていくものです。こうした「実践」や「教師」に数多く出あえることを願って止みません。もちろん、それは本人の不断の努力と精進によってもたらされるわけですが……。

さて、本との出あいは、言い換えれば言葉との出あいということになります。出あった言葉のなかにはこの上なく自分の心につきささり、いつまでも消えない場合があります。短い言葉なのに、否、短い言葉だからこそ、いつまでも心に残ってしまうのです。

それは、その短い言葉が、原理や原則など大切な点を凝縮しているからです。短い言葉ですから、読みやすく分かりやすいという利点があります。しかもそれなりに価値のある主張も含んでいます。

けれども、大切な点を凝縮しているというだけでは、それほど心につきさ
さりません。もうひとつは、その「言葉」が「自分自身」を振り返らせるのです。つまり、短い言葉ゆえに、読み手はそれを補って読むことになります。あるいは自分の体験を重ねて読むことになるのです。同じ一文を読んでも、人によって受け止め方が異なるというのはそのためです。言葉の受け止め方は、読み手によって規定されるといえます。

このように、自分自身の体験に照らして振り返らせるような、心につきささる言葉を、格言・金言と人々は呼んできました。

こうした言葉との出あいは、教師生活にとってもとても得難いものです。本書は私の著作集の中から、私の本を読んだ人々に「出あい」を感じさせた「言葉」が収められています。全国の多くの教師たちが選びました。

それぞれは短い一節ですが、読者の方々の実践に投影していくことを何よ

りも願っています。

目次

第1章

教師修業のための30選

教師修業の基本は「授業の腕を上げる」ことであり、「授業の腕を上げる」ことの中心は教材内容の研究とともに、「子供が動く発問・指示」を見付けることである。

しかし「子供が動く発問・指示」は、自分の力だけではなかなか見付けられるものではない。

だから、教育書、教育雑誌を読むのである。よい本なら、求めるものが載っている。

『新版　続・授業の腕を上げる法則』

プロとアマチュアの差はわずか数ミリにすぎないが、その数ミリは、どうしようもないほど歴然とした差である。そのわずかの中に、人生がたたみ込まれるほどの労力が入っているからである。

『教師修業十年』

教師が子供を教育する場合一歩一歩しか前進できない。いや、一歩すすむのにさえ僕は全力を傾け、全精神をすりへらす。それが仕事というものだと思う。

たかが跳び箱である。そんなささやかなことでも、確実に、全員に、できるようにさせるためには、僕には労苦の年月が必要であった。

教師のプロとは、そういう一歩をすすませられるかどうかなのだと思う。

『教師修業十年』

それほどの労苦をはらわなくても、九九パーセントはできるのだと思う。しかし残りの一パーセントができないのだ。残りのわずか数ミリができないのである。しかしその一パーセントが、その数ミリが、どれほど大きな差なのか、そのころ僕は気付き始めていた。わずかな差の中に多くの努力と鍛練が入っているのである。どれほど才能が優れ、どれほど人柄がよい人でも追いつくことができぬ技量の差が、厳然と存在しているのである。

『教師修業十年』

スランプとか壁とかは、「努力が蓄積されているにもかかわらず、まだ成長の訪れていない状態」である。曲線が急上昇を描く前の事態である。

先の見えない壁は人それぞれに、すべての人に訪れる事態である。

「壁」を突破するためには、いろいろな方法があるが、「気ばらし的方法」より、「努力をさらに重ねる方法」で突破することの方が原則的である。王貞治選手のすばらしさは、この原則に忠実なことにあった。

『授業の腕をみがく』

僕にあるのは、子供の成長を信じる頑固さと、それを具現化する執念だけである。その頑固さと執念こそが、腕を向上させ魂の世界を押し広げていく。

『教師修業十年』

新任教師のころ、僕は毎日、子供が帰った後の教室で机と向かい合っていた。その日にあった出来事を思い出すためである。子供の姿はすぐに霧のように逃げていった。一人一人の子供との出来事がなかなかつかめないのであった。そんな孤独な作業を毎日続けていた。

『教師修業十年』

子供たちの発表をぼんやりとしか思い出せなければ、その日の授業の反省もあいまいなものにならざるを得なかった。それは自分自身の仕事をいいかげんに済ませておくことであった。僕には耐えられないことであった。教師になったのは、生きる糧を得ることと共に、この仕事に自分の人生があるように思えたからだった。僕はだらしない人間だが、自分の人生そのものがいいかげんでよいと思うほどには冷めていなかった。

『教師修業十年』

新卒の時から、僕の勉強・研究の方法には、いくつか心がけている点があった。

一つは、自分の研究内容を、その時の現場の課題に合わせることであった。子供がもちよる問題、学校全体の研究課題、校務の分掌等の日々の当面している課題に自分の研究を合わせることだった。この方が無理なく、しかも多くを学べた。

『教師修業十年』

「分析し批評する」とは「どこがなぜいいのか」を語る方法なのである。

しかしこうした力は、残念ながらすぐには身に付かない。「見る目がある人」に教わり、「優れた授業」をいっぱい見て、自分の目を養っていく他はない。

『新版　授業の腕を上げる法則』

「プロとしての修業が今日から始まるのです。今までの多くの心ある教師によって作られてきたものをあなたに伝えたいと思います。プロの修業は手とり足とり教えることではありません。結局のところ、あなたが何を学びご自分をどう変革するかにかかっているのです。何もない、未熟なところから出発するという心がまえさえあればけっこうです。見たところ健康そうですから」

『教師修業十年』

「見えていると思ったことが本当は見えていなかった」と分かった時から本当の教師修業は始まる。それは充実感はあるがやはり苦しい道でもある。

「見えていない」ことに気が付かない教師は、ある意味で永遠に平穏である。だが、その教師に習う子供はある意味で永遠に不幸である。

『授業の腕をみがく』

「授業の腕をみがく」ことは「プロ修業をする」ということであり、真剣な一つ一つの場を体験してこそ可能なのである。のんべんだらりとした日々の営為の中から育ちはしない。

『授業の腕をみがく』

教師は、初めから腕のある存在として子供の前に立つのではない。それまでに勉強をどれほど積んでいようと、教生の時にほめられようと、それは教師としての腕の高さを示すものではない。

いかなる職業であれ、仕事とはそうした面を含んでいるはずである。

青年教師は、純粋さ、ひたむきさ、熱気などの大きさによって、腕の足りなさを補っているにすぎない（それに、しばしばそうでない人もいる）。腕とは、日々の子供の教育をどうするかという絶え間ない追求によって、自分のものとして創り出していくものである。学級が一応平穏であることをもって、腕が上がったと錯覚する人も多い。

『教師修業十年』

自分の可能性を求め続けられる人は、常に自分の限界にぶつかっている人である。限界を意識するからこそ、必死になって教育の仕事に当たっていける。

『教師修業十年』

僕は、子供たちに、毎日机に二時間向かうことを希望した。何をしてもいいから、とにかく二時間机に向かうことを要求したのだった。ある時間、束縛されるのはつらいことにちがいなかった。だからこそ、それが習慣化された時、大きな力をもつと考えていた。

力のある教師なら、そんなことをしなくても、努力する力を全員に育てられるかもしれないと思った。しかし、僕には、そうしたことを強制するのでなければ、一人残らずの子供たちに、持続して努力する力は育てられなかった。

『教師修業十年』

僕たちは「しんどい」ことを「しんどい」と言う必要はないと思うのです。それが僕たちの仕事だからです。教育課程は学校で編成されるということを、真に実体化した時、学校はもっと優れた教育作用をもつようになると思うのです。

『教師修業十年』

まずは、学校全体の教職員の教育活動を親は信頼しようとしているのです。職員会議の大切さはここにあります。主任制に反対する根拠はここにあります。学校は一人一人の知恵を出し合い、全体としてある種の水準が保たれているのです。「学校では教育課程を編成する」という法律を僕たちはもっと考えなくてはいけないと思うのです。職員全体による教育課程の編成をもっと実質化させなくてはいけないと思うのです。個性を個性として発揮させると共に、個性のある部分は組織化された教育課程の中に組み込まなくてはいけないと思うのです。

『教師修業十年』

まちがいがあれば正すのは、ごく当たり前なのに、それがことさらに言われなければならないところに、教師のひどさはあるのだ。親も「人質を取られている」と考えて、よほどのことでなければ言わない。教師同士でも、年に数回の研究会でさえ、その多くは当たりさわりのないことを言ってお茶をにごす。これで鈍感にならなければ不思議だ。鈍感になるには、これほど適した環境はないほどになっているのだから。

自分自身に対して、厳しすぎるほどに律していける人でなければ、確実に鈍感さは塗り重ねられていく。運動会の練習の時、子供たちを炎天下で練習させておいて、自分はテントの下にいる人も少なくない。そういう時でも、日頃子供に心を配っている教師は、当然のごとく自分も炎天下に身を置いていた。

『教師修業十年』

学級通信を三〇〇号出した、プリントを一〇〇枚作ったというような仕事も、僕たちはしてきたが、そのために見落とした仕事もあるはずだ。一つ一つの仕事に全力を尽くすと共に、そのことに自己満足するのはよそう。

『教師修業十年』

自分の身辺の情報をきちんと集めれば、必要な情報の八割は集められるという法則がある。私たちは、この法則の熱心な支持者であった。

つまり、ものぐさな人間だから「特別に出かけて集める」ということをしないで、身辺にあるものから採集するわけである。

たとえば、過去一〇年分の職員会議議事録に目をとおしてみるとか、教員室の片隅に積んである他校の研究紀要に目をとおすとか、組合で配られるビラをながめるとか……。

こんなことでもやってみると、けっこう情報は集まってくる。思いがけないめっけものもある。

ここで大切なのは「何もかも集める」ことは無駄だということだ。全部を集めるのは、何も集めないのと同じことである。

何か視点を定めて集めなくてはならない。視点とはつまり心に引っかかっていることである。

現在の私でいうならば、教育技術の法則化、研究方法論、学校で行っている理科の研究、教務主任の仕事などがそれである。


『教師の才能を伸ばす——京浜教育サークルの秘密』


私は十数種の教育誌を購入している。

雑誌の読み方、使い方を知らない人がいる。

雑誌は全部読まなくていい。読みたいもの読みやすいものだけを読めばいい。雑誌に書く人の文章はへたなのが多いし、つまらないものも多い。そういうものを無理して読むことはない。時間の無駄である。五、六秒ながめればいい。

雑誌に一、二本「いいなあ」と思うのがあればそれで十分である。三本もあったら「もうけもの」である。どんな雑誌でも、このようになっている。

これだけでは無駄のように見えるがそうではない。後で使えるのだ。学校で研究授業をやることになった、論文を書くことになったという時などである。

どうするのか？　雑誌をずっと調べて関係ある特集を取り出すのである。過去一〇年分をさがしていけば、七、八冊は出てくる。それを読んで全体像をつかむのである。

このように「教育雑誌」は、後から資料として使うものなのだ。だからバックナンバーが揃っていないと価値は半減する。

『教師の才能を伸ばす――京浜教育サークルの秘密』

次の三とおりができれば理想的である。

第一はサークルの仲間である。数は少なくてもいいが、志と「やりとおしていく」実行力のある人がほしい。

第二は、校内の研究体制を確立していくことである。これは急にはできない。少しずつ築いていくことである。校内の研究が本物になってくれば、威力は大きい。

第三は、日常的にアレコレ話すペアとなる仲間を作ることである。

学級通信を見せ合ったり、ちょっとしたことを話したりする仲間である。単なる仲よしではだめだ。相手の人も仕事をする人がいい。校内で気の合う人というのがイメージに合うが、こういう人がいると、実践・研究はすすむ。

『教師の才能を伸ばす――京浜教育サークルの秘密』

教師は知的な仕事である。知的な仕事には文章を書くという行為が付いてまわる。雑誌で通用するくらいの文章を書くためには四〇〇字詰原稿用紙五〇〇〇枚くらいの修業がいる。学級通信をB４用紙にびっしりと書くと原稿用紙で三枚半である。だから、学級通信約一五〇〇号分ということになる。毎年一五〇号出して一〇年である。

これくらい書いた人の文章なら読める。

ただし、子供の作文は計算しない。子供の作品をいくらきれいに印刷して発行しても、教師の筆力は上がらない。指導案、研究会への報告、手紙などは計算に入れてよい。つまり、自分が考えて書いたものなら何でもよい。

教師になって五〇〇〇枚。これが一応の目安である。

『教師の才能を伸ばす――京浜教育サークルの秘密』

理念で教育を語ろうとする人がいる。こうあるべきだということを前提にするのである。

しかし、教師は子供を日々預かっている。

その教育がどうであったか、子供がどうなったかということこそ判断・行為の基準にすべきた。

「思い」で教育を語るのではなく「事実」で教育を語るべきなのである。

「跳び箱を跳ばせられる」という小さい小さい出来事でも、それが「事実」なら、日本中の学者を相手にしても論争できるのである。

「事実」を見る目をきたえていくことだ。

「事実」を「正確に」「分析的に」見られるというのは、プロの目をもっている人だけに可能なのである。


『教師の才能を伸ばす——京浜教育サークルの秘密』

（伸びる教師は）第一に「全員の子供を何とかしよう」と考えている。「全員の子供を何とかしよう」というのは、自分自身の見栄のために、教師がほめられたいからするのではない。本当に何とかしたいという教師の温かさから出ているのである。

だから、「漢字ができない人は毎日残りなさい」という厳しさとは少しちがう面をもっている。

何というか、できない子に対して優しいのである。

「全員の子供を何とかしようと思っている。そして、できない子に対して優しい」

これが、伸びる教師に見られることである。

『新版　授業の腕を上げる法則』

この子のつらさを、いとおしいまでの寂しさを理解するのでなければ、教育はできない。このままでいいということではない。何とかしなくてはならない。しかし、それは、この子の身の上を、わがことのように理解してからなのである。

また、「全員をできるようにさせる」ということを、何か厳しく、スパルタ式にしごくことだと考えている人がいる。

私は、そんなことには反対だ。教室には、いろんな子供がいる。人それぞれである。

だから人生がすばらしいのと同様に、教室もすばらしい。

「それぞれの子供に応じて、できるようにさせる」のであり、「できない子への優しさ」をもつてできるようにさせるのである。
だから教師は、いろいろな方法・技術をもっていないと対応しきれないとも言える。

『新版　授業の腕を上げる法則』

伸びる教師は、教師の仕事のおそろしさを自覚している。自分が二年間も三年間も教えてしまっていいのだろうか、と絶えず反省している。「子供ができない」ことを、自分自身の責任として考えていく潔さ、責任感、謙虚さをもっている。

『新版　授業の腕を上げる法則』

「明るく、優しく、公平で、知性的」な教師には、誰でもなれるわけではない。教師も人間だから当然個性がある。個性はすぐに変わりはしない。
しかし、「鉄棒や跳び箱をできるように教える」ことは誰でもできる。
どんな教師でも可能である。
「鉄棒や跳び箱をできるようにさせる技術なり方法なり」を学べばよいのだ。学ぶ意志のある教師なら、誰にでもできるからである。

『新版　授業の腕を上げる法則』

教師にとっての努力とは「授業をどうするか」が中心であるべきなのである（そのうち、行事、学校全体のことを考えざるを得なくなるが……）。

人並みにやっていれば、人並み程度の力しか身に付かない。当然である。よく、人の二倍も三倍も努力するというが、そんなにできるはずはない。しかし、プラス一〇パーセント程度の努力ならすることができる。

努力の形は人それぞれでよい。だが、自分で変革していくという方向での努力こそ大切である。朝、人より二〇分早く登校するという努力と、毎日一時間は授業の録音カセットを聴くという努力であれば、後者の方がよい。前者は自己満足に終わりがちであるが、後者は自己に変革をせまってくる。

『新版　続・授業の腕を上げる法則』

第2章

授業の腕を上げるための30選

指示の内容があいまいである。言葉のイメージが限定されていない。
（私なら「比べなさい」ではなく「誰の水筒が一番多く入るかな」というような表現を使います。指示を与える場合、何のために何をするのかがはっきり分かるように言葉を使うことは、子供を集中させたり行動させたりする上で大切なことであると思います）

『授業の腕をみがく』

言葉（発問）が安定していない。
（先生は子供に対する指示を何回か言い直しました。しかし、そのたびに表現がちがっていました。そのために、指示内容が不明になったり、一部分になったりしていくように思いました。考えぬいた発問を、正確にくり返せることが大切だと思います。私はかつて、たった一つの発問を考えるために、夜の一一時まで学校に残ったことがあります。一字一句に至るまで考えぬく経験をされることが大切かと思います）

『授業の腕をみがく』

まず、たった一つの明確な指示を与えよ。それができたのを確かめてから、第二のたった一つの明確な指示を与えよ。

きわめて重要な原則である。しかも簡単に覚えられる原則である。
だが、これを身に付けるのは容易ではない。言葉を知ることと技術の習得は別である。
私には、一〇年を越える歳月が必要であった。

『授業の腕をみがく』

つまり、「指示する言葉」は何でもよいのではない。その言葉によって「子供が変化すること」が重要なのである。どういう言葉によって子供が変化するかは、自分でやってみるのが一番よい。それが自分の身に付けていく基本である。自分の側に、苦労した体験がないと「言葉だけ」を知っていても、身に付かないのである。

『授業の腕をみがく』

いつ終わるのか分からない状態よりも、いつ終わるのかがはっきりしている方が、子供は授業に集中する。

『授業の腕をみがく』

わずかな時間でも教室の「ゆるみ」を解消させることはできるのである。しかも、「お説教」などをしないでである。

この場合は、子供たち全員に一行の文を指差させたことと、読ませて評価を与えたこと、全員起立させて、できた子からすわらせたことなどの指導方法がよかったからであった。

全員のやっていることを確認して次の課題を与え、さらにまた全員の状態を確認して次の課題を与える指導方法を私が行ったから、子供たちは授業に集中できたのである。

『授業の腕をみがく』

指示・発問は短く限定して述べよ。

『新版　授業の腕を上げる法則』

一度動き出した集団を、追加修正で変更させるなどということは、よほどのことがない限り（生命の危険にさらされるというようなことでない限り）してはならない。

『新版　授業の腕を上げる法則』

子供を活動させるためには、場所と時間と物を与えよ。

『新版　授業の腕を上げる法則』

資料を見せて、そこから考えられることをすべて書くのであれば、私は「五分待つ」の
が原則であると思う。

というように、資料を示し何か発言を求めるなら「資料を見る時間」「考える時間」を与えるのが当然である。この当然なことがなかなかできない。

『新版　授業の腕を上げる法則』

子供たちに作業をさせるのであれば、作業をする場を作らなければならない。

机の配置がいつも同じなどというのではだめなのである。机を四つ合わせる、机を後ろに集め前に空間を作る、机を四方の壁面に寄せて中央に空間を作るというように、場を作

るのである。
教室での机の配置の基本パターンが「一斉授業用、給食用、学級会用」の三パターンしかないのでは、話にならない。授業をする時の基本パターンを、六種は使いこなし、一〇種ぐらいは準備しておくようにしたい。

『新版　授業の腕を上げる法則』

子供たちに「集会」を準備させようとする。あるいは「新聞」を作らせようとする。
このような時も「相談する時間」「作業する時間」「必要な用具」などを、しっかり確保してやるべきである。そんなことをしないで「自分たちで工夫してやりなさい」というのは指導の放棄である。

『新版　授業の腕を上げる法則』

たとえ一分間でも「何をやっていいのか分からない」という状態を作ってはならない。
先のことまでを考えて手を打っておくべきなのである。

『新版　授業の腕を上げる法則』

空白を作らないためには、指示の原則がある。

まず全体に、大きな課題を与えよ。然《しか》る後に個別に指導せよ。

『新版　授業の腕を上げる法則』

授業中の個別指導は、「完全にさせる」ではなく「短く何回もさせる」ということを原則にせよ。

『新版　授業の腕を上げる法則』

（課題をし）終わった後の発展課題は必ず用意しておく。

『新版　授業の腕を上げる法則』

指導の途中で何度か達成状況を確認せよ。

教師だったら、当然子供たちに何かを教える。しかし、教えっぱなしにして終わっていいのではない。

どれくらいできるようになったのかという、達成状況を確認しなくてはならない。評価をしなくてはならない。

「分かりましたね」と子供に聞く教師は、新卒程度の技術しかない人である。

私はこれまでの教師生活で「分かりましたね」と聞いたことは一度もない。「分かりましたね」という言葉を教師は発してはならないのである。

このようなことは、少し勉強をしている教師には常識なのである。私が見て「さすがだな」と思う人は、やはり誰一人「分かりましたね」などという言葉は発していない。

逆に「やはりな」と思う教師は、つまり教育書も読まず、自分の教育のまずさをいつも子供のせいにしている教師は、「分かりましたね」という言葉を、よく発している。

ここは、せめて次のように聞かねばならない。

分からない人いますか?

これとて、教室の空気によっては素直に「分からない」とは言いにくい。しかし「分かりましたね」と言うよりは、ましである。

『新版　授業の腕を上げる法則』


誰がよくて誰がわるいのかを、はっきりさせてやることが教育で大切なのだ。

しかも、どこがわるくて、どのようにすればいいのかをはっきりさせることが大切である。

『新版　授業の腕を上げる法則』


「跳び箱を跳ばせる技術」は、ささやかな一つの技術である。

しかし、使い方によってはそれ以上の価値を生じさせることも可能である。

これを使って小さな結果を得るのも使った教師の使い方によるのであれば、反対に思いもかけない大きな結果を得るのも使った教師の使い方による。

技術というのは、あらゆる条件から切り離し「このようにすればこのようにできる」とポイントを明示することである。そのことによって誰でも使うことが可能になる。

『新版　授業の腕を上げる法則』

技術はあらゆる環境から独立した厳とした存在であるが、教師はそれを具体的な環境の中で使いこなす。

そして、腹の底から実感できる事実を生じさせる。

教育技術を大きく使うか小さく使うかは教師次第である。

『新版　授業の腕を上げる法則』

まず、教室の子供たちの実態を正確に理解すること、ここからすべてが始まる。正確というのは「根拠をもって数値に示せる」ということである。

『新版　授業の腕を上げる法則』

「根拠をもって数値に示せる」実態をつかむことである。もちろん、子供たちのすべての部分を知ることはできないし、その必要もない。だから自分の教育にとって大切だと思うことにポイントを絞り込めばいい。

およそ、一〇項目あればいいであろう。

ただし、その中には必ず次の項は含める。

Ⓐ　整数の四則計算の達成度
Ⓑ　漢字の「読み・書き」技能の達成度
Ⓒ　友人とのかかわりの実態
Ⓓ　虫歯治療率など、健康維持の目安

実態をつかむと問題点が見えてくる。何とかしなければならないことがいっぱい出てくる。しかし、全部を何とかするわけにはいかない。問題点を絞り込まなくてはならない。つまり、優先順位を付けるわけである。

これには公式はない。まさに具体的場面での取捨選択である。教師が選択をしなくてはならない。学級の子供を知っているのは、担任だからである。

『新版　授業の腕を上げる法則』

あるクラスでは「いじめ」が第一位になるかもしれない。あるクラスは「基礎学力」が第一位になるかもしれない。

自信をもって担任が、問題点を絞り込めばいい。優先順位は三位ぐらいまで絞り込む。つまり、このくらいが具体化できる限度である。

しかし、他のことを全くしなくていいというわけにはいかない。

「根拠のある事実」を知ることで、すでにいろいろな問題点は含まれてしまっている。だから、他の問題点も無視できないし、気にかかる。

これが自然である。自然でよいのだ。

「気にかかる」というのは、「何かチャンスがあれば、つっこんでやってみよう」という状態である。つまり、待機の状態なのである。積極的に解決すべきいくつかの問題点と、待機の問題点に整理することが大切なのだ。

ここまでが、まずやるべきことである。

事実をつかまなくては何事も始まらない。

『新版　授業の腕を上げる法則』

定石は、今までにプロ中のプロが試合の中で練り上げたものである。何十年、時には何百年もかかって作られてきた。

部分的には最善手なのである。だから他の方法をやると必ず負かされてしまう。定石以外はふつう悪手だからである。

そのような厳しい試練を経てきた一手一手の組み合わせが定石である。定石は、プロ中のプロの多くの吟味によってこそ出来上がる。アマチュアが作ることはできない。

「こういう時は、これが最もよい方法だ」というのが定石なのである。

定石を学ぶには、まず「手順・方法」を知ることだ。しっかりと覚えることだ。

そして、真似をすることだ。真似をすると、今までの我流よりよくなる。


『新版　授業の腕を上げる法則』

一、たった一つの定石を知ってやってみる
二、同じようないくつかの定石を覚える
三、具体的な場面でいくつかの定石から一つを選択してやってみる
四、このような経験を重ねて、使いこなせる定石を増やしていく
このように定石をまず学ぶということが必要になる。

『新版　授業の腕を上げる法則』

授業中発言したい子供がいる。手が挙がらない時も多い。しかし、しゃべりたい子は、かすかに小指が動く。指先の動きを見逃さない教師なら、その子を指名することができる。

低学年の子供が教師のそばに来る。

「先生、あのね」

何かを話し出す。まとまっていないことが多い。当然のことなのだ。断片的にしか訴えられないのである。

『新版　続・授業の腕を上げる法則』

「子供を理解する」というのは「あの子はこういう子よ」と通俗的な評価をすることではない。「子供が自分自身をどう思っているのか」ということを理解することなのである。

この差は大きい。

教師にこれができれば、「いじめ」「自殺」など、ほとんど解決するのである。

『新版　続・授業の腕を上げる法則』

授業で子供に意見を求める。すると、考えてもみなかったとんでもない意見が出る時がある。そんな時に「しょうがないなあ」と思う教師がけっこういるらしい。
とんでもない意見が出た時、私は「しめた！」と思う。日本教育技術学会理事で名誉会長の野口芳宏氏も「しめたと思う」と言う。
とんでもない意見、常識はずれの意見が出るからこそ、授業は発展もするし、深いものにもなっていくのである。

『新版　続・授業の腕を上げる法則』

秒単位で時間を意識することは、あらゆるプロの基本条件である。

『新版　続・授業の腕を上げる法則』

第3章

技量を発揮するための30選

ある時、私の授業を見た先生が「ベストの授業です」と評したが、私はそれを否定した。
授業にベストのものはない。
授業技術にベストのものもない。
これが、他の仕事の分野なら、ひょっとするとベストの技術があるのかもしれない。しかし、授業に頂点はないのである。絶えまない向上のための道程しかない。ベターな授業しかない。ベストの授業をめざすベターな授業が最高なのである。

『授業の腕をみがく』

決まりきった質問をして、決まった子だけが答えるという授業とはちがって、一見当たり前に見えることを否定し「優等生」の答えの底の浅さを見せつけるところから出発する、こうした授業を、子供たちは喜んだ。

『教師修業十年』

基本の上に一つ一つの応用を積み重ねていくことが、遠まわりなようだけど実は近道なのである。「優等生」におんぶした形での授業からは、けっしてこういうことは生まれない。子供たちは、自分で考え出した満足感と、そして、自分でもできるという自信と、原理までふみこんだ理解とを得るのである。公式を丸暗記させるだけの授業は、プロの授業ではない。それは、時間もかかり、満足感も充実感もなく、「優等生」や「知っている者」だけに思い上がりを残してしまうのである。

『教師修業十年』

「まちがえる子を分かるまで教えていると、予定が遅れてしまう」という意見があるらしいが、これほど話の分からないことはない。分からない子をクラスの中にかかえていれば、先ゆきさらに時間がかかるようになるからである。その場その場で解決すれば、時間も短くて済み、他の子の勉強にもなり、こんなにいいことはないと思う。「予定が遅れてしまう」という人は、授業は教師がある内容を教え込む作業だと考えていると思えるのである。授業は、教材を教え込むだけではなく、実は、教材をめぐる様々な子供の思考の混乱を一つ一つ、整理し解決していくことをとおして内容の理解に至る活動である。

『教師修業十年』

子供に対する限りない信頼と自己の行為の結果に対する限りない疑いによってこそ、教室は教育の場たり得るのである。

『授業の腕をみがく』

教師は教師であることにおいて、つまり教師である技術と技能を持っていることにおいて、誤りを少なくすることができる。

『授業の腕をみがく』

私を含めて教師は、自分の教育的行為の熱心さを省みる謙虚さに欠けている。熱心さは免罪符にはならない。

「愛のムチならなんでもいい」と、勘違いしているのである。

問題なのは熱心さではない。

教育を仕事にしている人間は、子供に教えることに熱心であって当たり前である。こんなことは、プロならば、言うのも書くのも恥ずかしいぐらい当たり前のことである。

たとえば私のサークルには、三年の間、学校から帰る時刻が夜の一一時をすぎていた教師がいた。三年間、休みの日も含めて、ほとんど欠かさずにである。私は健康を害することのような行為には批判的であったが、世の中にはこのような凄さを感じさせる熱心さもある。問題なのは、子供にとって価値ある熱心さであったかどうかである。

毎日宿題を出し、毎日立たせ、毎日残す熱心さは、何という冷たい熱心さなのであろうか。

『授業の腕をみがく』

優れた教育的行為は、教師の技量の反映ではあるが、教師の技量の本質ではない。秀逸な教育の技術が、優れた教育的行為のすべてであるように思えるが、それは本質の表現にすぎない。

優れた教育的行為は、優れた教育観をもとにしているのである。

優れた教育観をもとにして、かつ優れた教育技術によって表現された教育的行為こそ、優れた教育なのである。

かつて、優れた教師といわれた人々は、優れた教育観と優れた教育技術のもち主であった。

『授業の腕をみがく』

多くの人に「見えない」ことが見えるようになるのには、自分自身が「見えていない」ことに気が付くのが不可欠である。それまでのあいだは、「自分は見えている教師だ」と錯覚しているのである。「見えていない」ことに気が付いた教師によってこそ、本当の教育は創られていく。

『授業の腕をみがく』

優れた授業とは、子供たちの目には見えないものを見えるようにさせる活動なのである。子供たちに見えていることを、もう一度なぞっただけの授業は、当たり前のことを当たり前にいいかえただけの面白くない授業である。そこには、知的興奮が起こりようがない。

『授業の腕をみがく』

斎藤喜博には（跳び箱を）「跳べない子を跳ばせた」という事実があったからこそ、多くの人々は耳を傾けたのである。具体的事実を示したからこそ信頼されたのである。

『授業の腕をみがく』

（跳び箱を）全員跳ばせるような、具体的で明確な技術の習得の日々の後に、創造性を語るべきなのである。

このような具体的で明確な技術をもっていなければ教師のプロとして恥ずかしいのだという認識をふまえて、創造性を語るべきなのである。

優れた教育の芸は高度な技術に支えられて、初めて可能なのである。「全員を跳ばせられる」という初歩的な即効薬さえ身に付けていない技量では、教育の芸は語れないのである。

優れた教育の芸はまた、授業中に働く直観力によっても支えられている。では直観力とは何か？　それは、具体的な教育技術を身に付ける修業の日々によって培われた、幾多の実践によって蓄積された、瞬間的な選択能力である。

プロ野球の内野手が、タマを打った音で身体が動くのは、打球を捕える練習の日々があったからであり、そうした幾多の練習によって蓄積された瞬間的な選択能力が働くからである。

優れた教育の芸はまた、子供の変化の事実のみに価値観を置くという強い主体性に支えられている。

主体性のない教育技術がある。それは必然的に管理主義の瑣末主義となる。

教育技術のない主体性がある。ここには度しがたい思い上がりと大混乱の教育がある。

主体性も教育技術もない教育がある。子供たちは荒れ狂う状態になる。

『授業の腕をみがく』

実践は常に総合的な関係を孕《はら》んでいるのであり、研究は常に部分的に、局部的になろうという志向がある。

これが、実践と研究の本質的なちがいであり、実践家と研究者の本質的なちがいを生むもとなのである。

『授業の腕をみがく』

「ほめる」ということはすぐにできそうだが、なかなかできることではない。「ほめまくる」ことも一つの芸であり、そしてまた大げさに言えば、思想の問題、人生観の問題でもある。

ある著名な心身障害児の研究者は「心身障害児でも美しい動きになれる」というような言葉を否定して、「心身障害児の存在がそのまま美しいのです」と、発言されている。

子供でも同じなのである。体育の苦手な、身体表現のどたどたした子供でも美しく表現できるようになれるということではなく、そのような子供の身体表現がそのまま美しいのである。

このように思う実践家と、そうでない実践家とは、実践に大きなへだたりが出てくる。

『授業の腕をみがく』

「美の追求」は大切である。

しかし、教育における「美の追求」には、二つの側面がある。

一つは、子供の精一杯の姿を、そのまま美しいと感じられる美である。まじめに誠実に一生懸命やったことであれば、それはそのまま美しいと感じられる美である。

もう一つは、練習を重ね、その表現の本質を身に付けた美である。

『授業の腕をみがく』

もとより、技の本質を捉えた修練された美しさも大切である。それは、自然の美に近くなっていくであろう。

また、たった一つの技術を習得させてやるというようなことも大切である。確かな技術もまた美の構成要素である。

だが、教育の場では、つまりは「生きていく力」を付けてやることが最も大切なのだ。必死の子供たちのそのままの姿を「美しい」と感じられることが、教育における「美の追求」の出発点なのである。

『授業の腕をみがく』

「心の底まで聞く」ということがあり得るか？　「心の内面までちゃんとつかむ」などということがあり得るのか？

私は、子供の「心の内面までちゃんとつかんでいる」と公言できる教師の教育をあまり信用することはできない。そんな馬鹿なことがあり得るのかと思う。

むしろ「どれだけやっても心の内面まで達することはできなかった」と悩む教師に共感する。教育とは人間に対する「畏れ」の中で営まれるのである。

『授業の腕をみがく』

どうして、全員の子供が一斉に、即座に反応しなければいけないのか？　どうして、口をもごもごさせてはいけないのか？

これでは、軍隊で兵隊を教える教練ではないか。兵はあまり考えなくてもよい。命令に反応だけしていればいい。判断は将校がする。教師が将校で子供が兵である。

こんなことをさせればさせるだけ非知性的になる。知性は個人個人を尊重するところから育てられる。つまり個人差があることを前提としている。

「アブラナの花は、何枚だ」と聞かれて、すぐに反応できなくてもよい。「えーと何枚だったっけ」と思い出す子がいてもよい。「忘れちゃったな」と言う子があって自然である。「そういえば、思い出したぞ」と、口をもごもごさせる子があって当然である。

そうした一つ一つの個性的な反応こそがまさに教育であり、それらの一つ一つをつなげていくのが教師の仕事なのである。

全員に大声で同じ答えを言わせることは、こうした一人一人の個性を圧殺することである。口をもごもごさせたことを連帯責任にするなど卑劣な行為であり、ファッショである。

たとえ、授業開始直後の数分間の出来事だとしても、こんなことをしてはならない。

『授業の腕をみがく』

どうやら「人柄のいい教師」は、「いかなる教育によっても子供を育てることができる」

という考えによって「確かな教育」を黙殺しているらしい。具体的課題を一般的課題に広げることで安全地帯に逃げ込んでいるらしい。なるほど「確かな教育」とそうでない教育の差は、わずかしかない。

いかなるプロにとってもこれでよいという頂点はなく、いかなる優れた教師の実践も欠点をもつ。

教育の技術にベストはなく、ベターなものを生み出し改良していく過程の連続があるだけである。

実践家にとっては、永遠に続く登り道があるだけである。

しかし、だからといって、「人柄のよさ」にかくれて、跳び箱を「全員跳ばせる」程度の技術もない教師と十把ひとからげにされてはたまらない。

「人柄のいい」まことしやかな教育の中に「確かな教育」が閉ざされるとしたら、「確かな教育」を求めた多くの実践家の努力は無駄に浪費されたことになる。

「確かな教育」を求めた実践家を動かしてきたのは「まことしやかさ」ではなく、「畏れ」である。「教育に対する畏れ」「子供に対する畏れ」が動かしてきたのである。

『授業の腕をみがく』

学校において多数の教育方針が混在して実施されていたら、教育は機能しない場合が多い。何から何まで同じにするなどは、無能な教師のかくれみのだが、大切ないくつかのことは一つの方針を選択せざるを得ない。

しかし、その一つの方針の選択は、いくつかの異なる教育的見解に支えられるべきである。異なる意見を闘わせて選択されるべきである。

『授業の腕をみがく』

子供の側に立ち、子供の成長のみに価値観を認める実践なら、何をどれほど言われようとつぶれはしないし、批判されればされるほどさらに優れた実践を創り上げていく。

こういう考えは、おそらく教師の世界の源流にあるだろうし、一つの風潮の盛衰はあっても、子供の成長の側に立つという教師たちは必ずや全国あちこちの教育現場そのものが生み出してくるからである。

私もそうした教師の一人であった。

『授業の腕をみがく』

私はプロの教師になりたいと思ってきた。授業の腕をみがこうと心がけてきた。（新潟大附属小国語同人グループとの授業対決の際は）そんな私にとっても、初めて味わう緊張感であった。

どんなことでも、それがひとたび目の前に来れば私は真剣になる。全力を挙げる。

『授業の腕をみがく』

教師の実践的営為は、多くの教師の努力に支えられている。一見、個人的に作られたかに見える創造的実践も、あまたの教師の努力の結果なのである。

確かに、多くの実践は、ほとんどの場合は散逸し、時の流れに消えていく。しかし、価値あるものは、教師の中に伝えられ残されていくのである。

それを、もっと「確実に伝え、広く伝えること」が必要なのである。

そのためには「教育実践研究」は、真に研究としての内容をもたなければならない。

『授業の腕をみがく』

私を超えるような子供の学習内容の理解が、しばしばあったとしたら、私は教師の資格がないのである。

たまにそういう事態が生じたとしたら、私は優れた教師なのである。よく準備された授業の頂点で教師を超えるほどの理解を子供が示したのなら、それは優れた授業なのである。教師が弱くても、子供が弱くてもできることではない。


『授業の腕をみがく』


形だけととのえるような、見かけを取り繕うような、教育におけるわざとらしさが私は嫌いである。

「一年間のまとめの活動」には、このわざとらしさを感じる。

「一年間のまとめの活動」を子供にさせると考えるだけで、私は気持ち悪さを覚える。

だから私は、「一年間のまとめの活動」というような活動をさせたことはない。

教育とは、その時その時の課題を、全力を挙げて真剣に取り組むのが大切なのである。

やったことを後になって評価し確認するというようなことは、たいした意味をもたない。

少しは意味があるかもしれないが、それは、燃え残りのカスで暖をとろうとするようなものである。

『授業の腕をみがく』

その時期にしかできないことに全力を挙げること、これが教育の原則であると思う。それが、とりもなおさず次へのステップになっていくのである。

『授業の腕をみがく』

「つまずき」は、その授業の中心的なねらいが理解されていない場合に、学習者の誤った思い込みとのあいだの矛盾として発生するものである。だから、この場合はもう一度一斉授業をすることが原則となる。

「まちがい」はウッカリミスとした方がとおりがいいかもしれない。学習内容が不安定にしか定着していない場合である。その基本的な要因は、ていねいさ・持続性が不足しているからである。この基本的要因をこそ克服させていくことが大切だと思う。とはいっても、その授業内容はその時々にしっかりと定着させなければならない。そこで一斉授業内における個別指導が必要とされてくる。

『授業の腕をみがく』

私は「教師の願い」は、学級経営をすすめていく原動力であると思う。「願い」がない学級経営は、無意味に近い。

「教師の願い」は、教室の教育に直接的に反映する。「教師の願い」を実現するためには多くの障害が存在する。それを克服していくための方略こそが、学級経営案なのである。

『授業の腕をみがく』

教師は、次の二つの考えによって批判されている。

(1) 教師は何も教えない

(2) 教師は教えすぎる

つまり、いかなる優れた授業も批判することは簡単なのである。他の授業を批判すれば、自分は優れた教師だと思いがちになる。

そのような錯覚が教育の世界にはびこっている。

しかし、原則的な一つの教育技術を身に付けるためには、長い修業の日々が必要なのである。「たった一つの明確な指示を与えられる」「いくつもの明確な指示を言うことができる」ために私もまた精進を続けたいと思う。このような教師の努力によってこそ「確かな教育」は少しずつ創られていくのであるから……。

『授業の腕をみがく』

いかなる仕事にも専門的技量が必要である。専門的技量が存在することにおいて、仕事は仕事たり得るのである。

だから、同じ現象を専門家と素人が見れば、専門家は素人の数倍も多くのことを見ることになる。

開脚跳び指導をする場合、助走・跳び越し・着地をいくつに分析できるかで、教師の技量を判断することができる。わずか一〇秒足らずの開脚跳びの動きを、一〇にも二〇にも分解して説明できてこそ、専門的技量があると言えるのである。

技術をもって仕事に当たる人がプロなのである。

『授業の腕をみがく』

第4章

子供を動かすための30選

僕は担任になると、一週間以内に跳び箱を指導することにしている。誰にも可能性があることを話し、その証明として跳び箱が跳べない子を跳ばせてみせてあげるのだ。教師がいくら可能性があることを言っても、子供は半信半疑である。しかし目の前で、跳び箱の跳べない子を跳ばせた後はちがう。初めて跳んだ子もそれを見ていた子も、一様に可能性を信じるようになるのである。

初めて跳んだ子が成長するだけでなく、見ていた子も成長するのである。「やればできるんだ」「私もがんばらなくてはならないと思いました」などと言うようになる。一人の成長がクラス全体の成長につながるのである。それでこそ教室である。一対一の教育では得られぬものが教室にはある。

『教師修業十年』

（班長決めの際に）「先生は選挙ですると、どうしてもなれない人が出ると思うので、ジャンケンでやってもらいます」と話した。「やだあ、そんなの」と、いつもなっているらしい賢そうな子供たちが言った。しかし僕は、強引におしきった。「班長はなりたい人たちでジャンケンで決めます。なりたい人はいませんか？」と聞いた。七人ぐらいが手を挙げた。

「班長は誰でもできます。先生がついているから大丈夫です」ともう一度言うと、一、二、三人が手を挙げた。やってみたい子は多いのだ。しかし選挙によれば、なれる可能性のある子は限定される。何度立候補してもだめな子はいつしか「あきらめ」を心に住みつかせてしまうのである。「絶対になれない」と分かるころから、子供は立候補をしなくなる。その点、「ジャンケン」は、子供たちにとって、完全に平等な選出方法なのだ。

『教師修業十年』

登校拒否の子供が増加していることはよく報告されている。その原因も様々であろう。その中には、同じような傾向をもった子もいるにちがいない。

しかし、教師にとっては具体的な「その子」しか存在しない。その子がもっているあらゆる条件を調べ、吟味し、手さぐりに似た姿で教育を行っていくしか道はない。

あれこれと勉強や事例を研究することも当然大切であり、僕もその点では多大な時間をさく。でも結局のところ、極限の状態では、その子と自分という具体的なことしか存在しないのだと思う。

僕にとっては「その子を何とかできるのは担任の僕しかいないのだ」という考えが、最後までゆるみがちな心を支えてくれた。「僕が投げ出したら終わりなのだ」という考えは、不遜かもしれない。しかし自分が担任である以上、それは事実なのであった。

『教師修業十年』

（僕が子供たちから問われたことの一つは）計画的に教育をしていくことについてであった。彼（問題を抱える児童）を軸とした教育は、一日、二日ではできない。思い付きでもできない。何本もの伏線が必要であり、いくつもの手立てが必要であった。計画的に手を打っていく、積み重ねていくことが絶対に必要であった。

『教師修業十年』

私は全員を集めて、一つだけの指示を与えた。子供は生き生きとして、一つだけの欠点を直した。また全員を集めて、一つだけの指示を与えた。これもすぐよくなった。一回に一つだけの指示を与えていったのだが、二〇分ぐらいで一七項目全部がよくなっていた。

『授業の腕をみがく』

指示の意味を語らなくてはいけない。

そして、ここが大切なのだが、語り方は短い方がいい。

一〇分も二〇分も指示の意味を語ったら、聞いている方もだらけてきてしまう。

「教室をきれいにします。ゴミを一〇個拾いなさい」

この程度でいい。

短く、スパッと言うのがいい。

こういう一言こそが、子供を育てていく。


『新版　授業の腕を上げる法則』


号令、命令の上に実はもう一段上のステップがある。

つまり「趣意」だけを示して「任務」を相手に任せるのである。「△△のために」という意図だけを説明して、やり方は相手に考えさせ、任せるのである。

これは、相手を尊重している最高の手段である。

たとえば、教室をきれいにすることでも次のような方法がある。

教室を見まわしてごらん。もう少しきれいにしたいね。自分がこうしたいと思うことをやってごらん。時間は五分間です。

このように指導できる人は、プロである。自分の今までの指導を振り返って、このようにやっているのなら、その人は並々ならぬ腕の人と思ってよい。

『新版　授業の腕を上げる法則』

教育の最も根本的な目標をただ一つだけ挙げろと問われたら、「人間の生きていく気力を育てることである」と言える。

「生きていく気力」があって、次に「生きていく技、つまり学問など」を身に付けさせるのである。

「やる気にさせる」時に、最も大切なことは「はげます」ことである。「はげまし続ける」ことである。

『新版　授業の腕を上げる法則』

「あなたはだめです」とは、医師は決して言ってはならないのと同様、教師は「あなたはだめです」と言ってはならない。それは教師としての倫理に反する重大な犯罪行為である。

わるいことはわるいこととして見つめてよい。また語ってよい時もある。しかし、それを克服すべき方法を示し、はげまし続けるべきなのだ。それが教師の仕事である。

「はげまし」とは、教師が子供と共に、一緒に欠点を克服していこうとする連帯の証なのである。

『新版　授業の腕を上げる法則』

子供に会った時、「おはよう」と元気に声をかけられる教師は明るい人である。叱る時にも、短くぱっと叱ってくれる教師は明るい人である。

失敗した時、三分も五分も、時には一〇分も二〇分もネチネチと叱る人は暗い人である。

子供のよいところを見付けてすぐほめてくれる教師は明るい人であるし、わるいところを見付けてすぐ叱る教師は暗い人である。

『新版　授業の腕を上げる法則』

明るく、優しく、公平であって、知性的な教師なら、私はそれだけでもいいと思う。
それだけで、立派な教師である。
きっと、子供のもつすばらしい可能性を伸ばしていくことであろう。
子供たちも教師のまわりにいつも群がっているだろう。
「教育技術」が多少未熟だって、他の面のよさが、未熟さをカバーしてくれる。
これだけで立派である。特に若いうちは……。

『新版　授業の腕を上げる法則』

子供を動かす法則
最後の行動まで示してから、子供を動かせ。

子供を動かす秘訣は、これにつきる。「最後までどのようにするのか」ということが分からないから、子供は場当り的に行動するのである。最後の行動まで示すのは、その集団の長の責任である。つまり学級では教師の責任なのである。

『新版　子供を動かす法則』

五つの補則

(1) 何をするのか端的に説明せよ。
(2) どれだけやるのか具体的に示せ。
(3) 終わったら何をするのか指示せよ。
(4) 質問は一とおり説明してから受けよ。
(5) 個別の場面を取り上げてほめよ。

『新版　子供を動かす法則』

途中で質問を受けてはならない。途中で質問を受けると、子供たちの頭の中が混乱する。
まず、最後まで一とおり説明するのである。すると、はっきりとしたイメージが描ける。
それから、質問を受ける。

一度説明したことは二度言わなくてよい。「前に説明しました」と、きっぱり言えばよい。ここで「木の枝も拾うのですか」というような質問が出る。答えは端的に言う。「拾います」これだけでいい。

質疑応答はスピーディーにやっていくのである。長々と質問する子には、「短く聞きなさい」と言う。授業の場なら長々と聞く時もある。が、動作の指示に対する質問は短くさせた方がよい。

『新版　子供を動かす法則』

（校庭の石拾いなどの時、授業中とはちがって光って見える子に対して）

「〇〇さんと△△さんは、こんなにいっぱい拾ってましたよ。先生は、すごいなあと思いました」

これくらいでいい。まじめに仕事をした、そして授業では目立たない子をほめる。

時には、仕事をしない子もいる。仕事をしない子を叱りたくなる。叱るのは、後になってからでいい。

まず、ほめることだ。子供のいいところをさがしてやることだ。こうすると、学級全体の子供が変わっていく。さぼっていた子も、さぼらなくなる。
このようにしていても、なお、さぼる子なら叱ればいい。

『新版　子供を動かす法則』

子供の集団を動かすために、教師は次のことをしなければならない。
これを「教師が子供集団を動かす三原則」と名付けてみる。

(1) やることを示せ。
(2) やり方を決めろ。
(3) 最後までやりとおせ。

『新版　子供を動かす法則』

この第一原則（教師が子供集団を動かす三原則の第一原則「やることを示せ」）は、とにかく「示す」だけではなく、次の三つの技能が必要となっている。

第一原則の三つの技能

(1) 目標場面を描ける(ロマンに満ちた想像力と創造力が両方、豊かな人がいい)。

(2) 目標を具体的に絞り込める。

(3) 全員の子供のものにできる(話し合いをさせる力、時にはガキ大将のようにアジテートする力も必要だろう)。

『新版　子供を動かす法則』

やることを絞り込んだら「やり方を決め」なければならない。実現するまでのだんどりを決めなくてはならない。

この第二原則(「やり方を決めろ」)にも三つの技能が必要である。

第二原則の三つの技能

(1) 仕事の内容を明確にする。

(2) 誰がやるのかを明確にする。

(3)　いつやるのかを明確にする。

『新版　子供を動かす法則』

「子供がやり方が分からない」時に教師はまちがえる。「やってみせて」「言って聞かせ」それでもなお「動かない時」にまちがえるのである。ほとんどの教師は、そこで怒ってしまうのである。

「怒る」「ほめる」は、やったことに対する評価である。まだ「やってない」時、怒ってもしかたがない。

そんな時は、どうするのか。もう一度「やってみせ」「言って聞かせ」るのである。

『新版　子供を動かす法則』

最後までやりとおすためには、三つの技能が必要となる。

第三原則の三つの技能

(1) 時々、進行状態を確かめる。
(2) 前進した仕事を取り上げ、ほめる。
(3) 偶発の問題を即座に処理する。

『新版　子供を動かす法則』

集団には「目的」があり、その目的を達成するために「しくみ」があり「ルール」がある。四月の初めは、この「しくみ」と「ルール」を作る時期なのである。どのような「しくみ」を作るのか、どのような「ルール」を作るのかは、一年間の教育の骨格ともなる大切なことである。

子供たちが次々と質問に来るのは、この「しくみ」と「ルール」がどうなっているのかを尋ねているのである。(中略)

だから、そのような時に、最低、次のことが配慮されなければならない。

Ⓐ 今までの「ルール」とちがっていないか。

前担任の時は、日直が窓を開けるということであったかもしれない。あるいは、初めに来た人が開けることになっていて、現在はそのルールが作用していないのかもしれない。または、その学校は公害地区で窓は開けないのかもしれない。

いずれにせよ、一つのルールを判断する時は、今まではどうであったかをふまえなければならない。

Ⓑ 教師の判断（ルール）の意味が語られているか。

窓を開けるというようなことでも、教室内の空気を入れ換えるために必要であるというような意味が語られなければならない。そうすることによってルールは子供たちの中で作用し守られていくのである。

Ⓒ 学級内の全員に伝えられたか。

教師が判断するということは一つのルールを作ることである。とするならば、わずらわしいことであるが、いちいち全員に伝えなくてはならない。全員に伝えられてこそルールとして作用するのである。

『新版　子供を動かす法則』

教師の判断・指示は一つの立法作用である。だから、次の二点が厳守されなければならない。

●教師の判断は全員に示せ。
●判断の根拠を説明せよ。

『新版　子供を動かす法則』

私が出会った教師の中で、すごいなと思った教師は、例外なく、ほめることの上手な教師であった。そしてまた、決して、子供の名前を呼び捨てにするようなことはなかった。教師と子供の関係が良質の品位で保たれていた。

もちろん、「ほめる」とは、何から何までほめることではない。ほめるに値するものを見付ける目も必要とする。また、子供のすばらしい行為をすばらしいと思う感性も必要とする。そうでないと、口先だけの「ほめ言葉」になってしまう。

「叱ることによって子供を動かす」か「ほめることによって子供を動かす」かを見るだけでも、そこには、教育の格のちがいが見えるのである。

『新版　子供を動かす法則』

子供たちの弱肉強食の社会構造は、教師のみが破壊できる。
そのためには、弱肉強食の現象を見逃さずにはっきりと明確に否定することである。
そして、それに代わる権威（権力ではない）を打ち立てることだ。
もちろん、これだけでは不十分である。しかし、この二つをまず初めにやることだけでも、教室の空気は一変する。

『新版　子供を動かす法則』

子供を動かすのは、独立した単独の技術ではない。技術を支えるための、相手に対する深い理解が必要なのである。植物や動物でさえ、そうなのである。まして、感性の鋭い人間を動かすのである。相手に対する深い理解があってありすぎることはない。

相手を理解しようとする意欲は、人柄の問題や人格の問題と関係するが、相手を理解する方法となると人柄や人格とは別のこととなる。相手を理解する方法もまた技術だからである。しかも、この技術は習得するのに年数がかかる高度な技術なのである。

教師が子供を理解しようとするのも、教師の仕事の専門性において理解するのである。だから、理解できる技術を習得するまでには当然時間がかかる。ところが、「子供を理解しよう」という意欲さえあれば、それですぐ理解できると思っている方がほとんどなのだ。「理解しようという意欲」が「理解するための方法」へ直結していると思っている。いや、「意欲」と「方法」のちがいさえ意識していないのである。

これでは、子供を理解できるわけがない。したがって、十分な動かし方ができるわけがない。

『新版　子供を動かす法則』

アマチュアの教師と認定する基準の一つは、忘れ物表とシールである。

子供をそのようなもので動かしてはいけない。忘れ物表はムチであり、シールはアメなのだが、どちらも同じである。

子供の知性、教養、人格に依拠して教育をしていないからである。

私は今までに多くの優れた教師に出会った。そういう教師の中に、一人として「忘れ物表」「シール」などで子供を動かした教師はいなかった。多分、そういう教師は人格の最も深い所で、こうした方法を拒否していたのだと思う。

子供の知的成長を促し、人格を豊かにする方向でこそ、子供を動かすべきなのである。

『新版　子供を動かす法則』

朝会の集合が乱れてきたら、また別の方法で教育すればいいのである。こういうことのくり返しが教育なのである。

教育は満点主義をとおそうとするとそれに倍する害が出てくるものなのだ。八割主義で私はいいと思う。しかしこの八割主義というのは、いいかげんにしていいということではない。

個々のこと、個々の人に対しては、一〇割もそれ以上もさせることはある。だが、全体に対しては、八割主義ぐらいで臨んだ方が、致命的な害を避けられると私は思っている。

『新版　子供を動かす法則』

人の前に立つことには慣れていたし、とりあえず言葉を発するということも習慣になっていた。

しかし、全校児童の前で、五分間の話をするという時に、私はひどく緊張したのである。――話だけで全校の児童を引き付けるのだ。一言も叱らないで、注意も与えないで、そっぽを向いている子供をこちらに向けさせるのだ――と私は考えていたのである。

「子供の前に立ったら、たった一つのテーマしか話してはいけない」「子供の前に立って三秒空白の時間があるとざわめき始める子供が生まれる」「児童の司会による集会活動が困難なのは、三秒以上の空白を生んでしまうことが原因である」……その後私は、次々にこのような原則を学びとっていくことになる。（中略）

わずか五分間の話のために、何時間もかけて指導案を書いた時のことを、朝礼台から降りた時のあの激しい胃の痛みを、今でも私ははっきりと思い出す。

『新版　子供を動かす法則』


クラス全体が取り組む、文化、スポーツ、レクリエーションの活動の中でこそ、子供は生き生きと動き、きたえられていくのである。

だから、核は固定してはならない。文化、スポーツ、レクリエーションのそれぞれの活動にふさわしい多くの子供が、核として認められ成長していけばいいのである。

核の位置は、可動的でなければならない。特に小学校教育ではそうである。

集団は何かをするために必要なのである。この平凡な事実を変えると、集団を自己目的化した集団づくりが行われてしまうのである。


『新版　子供を動かす法則』

第5章

教育観を確立するための30選

「一時間で跳ばせます」という境地に、立ってみたいだけなのである。もちろんそれは、体育の一分野の跳び箱だけのことを意味しているのではない。すべての教育の面において、そういう境地に立ってみたいのである。

その境地とは、「私は優れた教師である」ということではない。教育の仕事のおびただしい内容を峻別し、「できること」と「できないこと」をはっきりさせ、「できること」を一つ一つ増やしてきたという境地なのである。

『教師修業十年』

子供の一つの可能性を伸ばすことは、他の可能性を伸ばすことへと発展する。しかし、子供の一つの可能性を伸ばすことが、他の可能性をつぶしてしまうことにもなる。一つの可能性が伸びれば伸びるほど、他の可能性は失われていくからである。音楽家であり、小説家であり、技師であるという人間はそれほど多くはない。一つの可能性が開花すればふつう、他の可能性はしぼんでしまう。生命を育むことの畏れを教師はいつも心に抱いている。

『教師修業十年』

「できない子」をできるようにするのは、「できない子」だけのためではない。子供にとって宿命的ですらある固定的な構造を変えていくことによって、「できる子」もまた、変わり始めるからである。

『教師修業十年』

患者を目の前にした医者は、手をこまねいていてはだめなのである。とにもかくにも、治療をしなければいけないのだ。

教師もそれと同じだと思う。できない子を前にして、自分の力がおよばなかった時、それでもなお、とにもかくにも教育活動をしなければいけないのだと思う。

『教師修業十年』

（子供たちに話した三つの話の第一は、）どのような科学であれ芸術であれ、失敗の連続の中から作られてきたことを話しました。失敗こそ、まちがいこそ、人類を高めてきた要因であることを強調しました。だから、失敗をするのは悲しむべきことではなく、失敗をおそれることこそ悲しむべきだと話しました。

第二は、人間の可能性について言いました。どの人間でも、かくれた才能と可能性をもっていること、そして資質、才能は知識を獲得する速さで競争してはいけないことを話しました。世界的な数学者でも、小学校の算数は(通知表で)1であったことがあること、なぜなら彼は他人が三〇分で理解することに三日もかかったこと、だからこそ基本的・本質的な力が付いたことなどを話しました。

四年生になったばかりであり、自分は馬鹿だとか、自分はだめだとかいう必要はないのだと話しました。そんなことは、自分が死ぬ時に考えればよく、生きているうちは、一歩でも二歩でも前進することを考えるのだと話しました。

第三は、教室目標として次のことをかかげ、説明をしました。

教室とは、まちがいを正し真実を見付け出す場だ。
教室は、まちがいをする子のためにこそある。
教室には、まちがいをおそれる子は必要ではない。

『教師修業十年』

僕は子供たちの選挙というのは、まやかしだと思っている。人気投票とほとんどかわりはないからだ。「優等生」と「劣等生」のあいだの溝を固定化させてしまう装置だと考えている。古代ギリシャの初期のころは、元老院の選出をクジ引きでやっていた。選挙をすると人気、その他による差別をもたらすからだという。

『教師修業十年』

僕は「仲良くしなさい」とか、「いじめちゃだめだ」とかいう話をしたことがない。そんなことを百回言うより、いじめられている子の力を伸ばし、いじめている子の考え方をきたえていった方がいいからだ。みんなの力が伸びている事実が、子供を変えていくのだ。

『教師修業十年』

「僕の力が足りないために、登校拒否の子を出してしまったのです。勉強がいやとか、教師がいやとかいうのではなさそうです。雨が降ると学校に行くのがいやになるという現象を見ても分かるとおり、何かをするのがいやなのです。生きていく力にぬけ落ちた面があるのです。その点が埋められるまで、手間ひまかけた努力を続ける他はありません。このクラスから一名がこぼれ落ちても、このクラスは存在できないのです。あれこれ個性も性格もちがった子がいて、全員で構成された生活をしているからこそそれぞれの子は、多くのことを学ぶのです。個性がちがうということで一人が排除されれば、成績がちがう、スポーツの才能がちがうというようなことで次から次へと排除することが作り出されます。僕は、その子がクラスに来ない以上、クラスが存在しているとは思えません。どうか、力ない教師をお許しいただき、力をお貸しください。さし当たっては、その子の悪口は絶対子供の前で言わないでください」

『教師修業十年』

どの人間も、自己のドラマをもっている。他人に語るほどのことではないかもしれないが、しかし、自己にとっては忘れ得ぬ想い出としてそれは存在する。この学級通信「エトセトラ」もまたそうである。とりたてて他人に語るほどのものはない。しかし、六の二という学級の中に、人生の一部を刻み続けてきた者には、忘れ得ぬものがある。子供たちはいざ知らず、僕にとってはそうである。

もとより人生を刻み続けるというのは、想い出を作るためにするのではない。必死で生きるその証が、結果として想い出となるのである。稀薄な生活の中では、刻み付けたその証も淡い。しかし必死で人間の可能性を追求し、ともに未来を見つめてきた僕（僕たち）は少なくとも自己のある部分を納得させるぐらいは刻み付けてきた。喜びの中で、悲しみの中で、怒りの中で彫り込まれたのであった。

『教師修業十年』

やがてこの子たちは、新しい出立の時を迎える。そしてさらにその向こうに、自己の生きてきた証を刻み付けていく。願わくば、その刻みが、より鮮明であり、より深いものであることを願いたい。僕を超えるほどの人間に、僕を超えるほどの価値ある仕事をする人間に、そうなることを心から願いながら、その出立を見送る。

そうなった時に、初めて僕との関係は淡いものとして、過去のものとして想い出されるようになる。現在の人生が激しいものであれば、過去のことなど想い出す必要はないし、そのひまもない。僕を超えるほどの人間になり、僕を超えるほどの価値ある仕事をするようになったら、僕とのことは想い出す必要もなく、さらに高いものへ挑戦していけばよい。そうなることを切に願う。僕と僕とのことが過去のものとなるような、そんな豊かな人生であってほしい。

『教師修業十年』

どんな子にも可能性があることを信じ、たゆみなく続く努力を重ねるのが、教師の仕事なのだと思う。時には、それを信じるのが教師一人であっても、それを貫くのが教師の仕事なのだと思う。

『教師修業十年』

手放しの感激の手紙への返信に次のように書いた。「そうした感激を共有しながら、そしてはげまされながら、僕は手放しで喜べません。手放しで喜べるのは『他人』だからなのです。親は喜びの中に、すでに先を見とおした感慨があろうと思います。僕も、そうした親の心情にまで踏み込んで考えたいと思います。たった一つのドラマで、口先だけで人間が変わるのでしたら、教育ほど楽なことはないのです。反対に、何度も失敗し、何度も裏切られ、何度もみじめな思いをし、そしてなお、その中に可能性を見出すことに教育の原点はあるのです。僕がやったのは、鉄の扉を本当に開けたことではありません。穴を、それも針の穴ほど小さな小さなものを開けたにすぎません」

『教師修業十年』

教育の仕事は、子供を成長させることだけを目的として成就できるものではない。教師もまた、成長をしつづけなければならない。教師が、成長のための努力を怠った時、子供もまたその成長を止める。

教師の成長と子供の成長は一体のものである。子供の成長は教師の成長に規定され、教師の成長は子供の投げかける課題に規定される。

『教師修業十年』

未知の子供がもちよる新たな資質・個性・困難との邂逅は、常に新鮮であり感動的であり劇的だ。新たな出会いが新たな課題をもたらし、その課題への挑戦が新たな自分を発見させ自己を変革させてゆく。

『教師修業十年』

教育とは、実践され始めた場合には完結されるべきである。子供にとっては、その時その時の教育は他に代えがたいからである。教師にとっても、その時その時の教育は、自己のすべてを尽くした結果であるべきだからである。教室には、そうした人生そのものの厳粛さが存在するべきであると思う。

『教師修業十年』

自分のすべてをつくし完結させた教育より、さらになお高い教育を創り出すために教師は次の仕事に向かう。自分のすべてをつくした教育より高い教育は、自分の何かを否定し、新たな内容を自己に築かなければできはしない。教育とは、創造し、否定し、創造する営みの連続である。子供の成長は、こうした教師の自己との闘いによってこそ支えられる。

『教師修業十年』

僕は、玄人の腕はどれほど資質のある素人でも真似られないと考えていた。素人が真似できないからこそ、玄人の誇りがあると考えていた。素人の力は、しょせんもち味であり器用さにすぎないのである。玄人の力は長期にわたる修業の結果なのである。アマチュアの力は器用さであり、プロの力は技術なのである。およそ、職業と名の付くものはすべて、この修業の時期を経て一人前になる。職業として通用する腕は、どれほど気の利いた素人でも真似られるものではないからだ。

『教師修業十年』

僕は今の仕事をやり終えた場合、「あれで精一杯でした」と言うことにしている。その時その時の仕事は、その人間のすべてなのであると思っているからである。

その時その時の仕事は、他にとって代われるものではない。その時期にしかできないものが多い。一つ一つの仕事に対して、全力をつくして当たることが、自分の力量を高めていく最もよい方法であると思っていた。

『教師修業十年』

教室に現れる子供の欠点は、何よりも教師としての自分自身の力量の不足によると考えていた。教育とは、教育という営みによって、子供の成長を永遠に求め続ける仕事である。子供は自然に変わるのではなく、教育という営みの中で成長するのである。

僕に必要なのは、事実で反論していくことであった。そのためにどれほどの時間がかかろうとも、事実で示していくことだと、何度も心の中で誓った。僕は、思想や考えで教育を語るよりも、事実や仕事で教育を語っていくべきだと考えていた。それが、実践の場にいる教師のとるべき態度だと考えていた。

『教師修業十年』

「選挙を教えないのは、非民主的な教育である」と言われたことがあった。そんなことはない。僕たちは、形式としての民主制を教える前に、内容的な、実質的な民主制を教える必要があると反論した。形式としての民主制のみに頼ると、実質はあいかわらずの非民主制がまかりとおっていることが多い。とりわけ、小学校教育の中では、形式の前に、まず内容が与えられる必要があると考えたのだった。一人一人を大切にするという民主主義の教育にあっては、形式としての選挙を教える前に、まず一人一人が大切にされ、一人一人が対等に活動している場が教えられる必要があると思ったのである。

『教師修業十年』

『教師修業十年』

僕は、「自分自身をぶつける」というような無内容さを、気負った言い方でごまかすのは嫌いであった。大きな皮肉を込めて、「あなたは、ぶつけるようなご自分がおありなんですか」と、尋ねた。

『教師修業十年』

「よくやった」「できなくてもしかたがない」は、その結果としてまわりの人が言うことなのです。それを教師自身が「できなくてもいいよ」などと、ふぬけたことを言っているのです。しかも、ふぬけた居直りを得意然と言うのです。医者が患者を直すために頑固であるように、教師は子供の可能性を伸ばすために頑固である必要があると思っています。それでこそ、僕たちは子供の側に立つことができるのだと思います。それこそが仕事なのだと思っています。

『教師修業十年』

私は子供一人一人を生かせない教師であった。そして、今なお、そうにちがいない。子供一人一人を生かすこととは、何と重たい言葉なのだろうか。だから私は、一人一人を生かそうと努力したことのない教師を尊敬することができない一方、一人一人を生かしていると考えている教師も信用することができないのである。

『授業の腕をみがく』

教育に厳しさは必要である。「教える」こともまた必要である。しかし、「養う」ことは、それにもまして必要である。それは、ぎりぎりの限界で、人間が生きていく原点なのだから……。

『授業の腕をみがく』

自由に、好き勝手に子供たちに何かをさせて、その中からこそ創造性が生まれ、自由な心が育つと考えるのは、全くの幻想であると思います。

子供はもともと不自由な鎖を、様々な形で身に付け、学校にまいります。「自分で好きな席にすわりなさい」という指示にもとまどうほどにです。勉強にいたってはなおさらです。そうした子供に一つ一つの力を付け、生きる力をたくわえ、伸ばしていった時にこそ、子供の心は解放され始め、自由な心を獲得し始めると考えております。

『教師修業十年』

人間の教育が他の動物とちがうのは、それを社会的・組織的に行っていることである。それは人間社会が多様で複雑で、親の手にあまるからである。人間社会が単純で原始的な時代は、当然のことながら学校教育を必要としなかった。多様化・専門化・分業化するにつれて必要度を増していったのである。

人間が人間として人間社会の中で、現在および将来にわたって生きていくのに必要な手だてを、態度や知識や技能や身体を、育て教えていくのが学校教育であり、小学校はその中で最も初歩的基本的内容を受けもつのである。

『教師修業十年』

小学校の教育は次のようでなければならない。
それは生きてゆく力を育てるものでなければならない。

それはあらゆる分野を含まなければならない。

それは成長の始発点を受けもつものでなければならない。

それは人間社会（集団）の中で育てられなければならない。

それは一人一人のちがいが踏まえられていなければならない。

それは態度・技術・知識を教え育てるものでなければならない。

それは計画的に系統的に連続的に育てられなければならない。

つまり、それは、生命力についての教育を根本としたものであって、全面性・基本性・集団性・個別性・文化性・科学性・系統性・計画性・連続性の諸原則を踏まえたものでなければならない。


『教師修業十年』

働くことに多くの時間がさかれたため、子供に手のまわらなかった家庭の子供たちを、僕は何とかしたかった。何とかしたかったが、学校での授業だけでは限界があった。自学していくという姿勢そのものを育てたかったからだ。「持続的に努力できる」というのは、長い時間をかけて習得していく能力である。ある時、思い付きで努力をしても決して持続するものではない。「持続して努力できる。事に当たれる」という能力を、僕はどの子の中にも育てたかった。

『教師修業十年』

教育活動をしていて、自己の主張がとおらぬ時がある。その時「責任を取りますから」と言って、あくまで主張するのは「辞表を懐に抱いて」こそできるのである。そのような覚悟と、学校教育の組織に対する理解をした上でこそ、本物の教育は創っていける。

『新版　授業の腕を上げる法則』

第6章

知性や個性が輝く実践をつくる

私は、体育の授業の中心をなすのは、次の三点と思っています。
一　安全への配慮
二　技術の習得
三　汗をかくほどの運動量
この他に付け加えるとすれば、次の二点も入ると思います。
四　仲間と一緒にプレーすること
五　何かの発見があること

『跳び箱は誰でも跳ばせられる』


知性的とは何か。今まで当たり前と思ってきたことが、見方によって異なるということである。視野が広げられたということである。

知性的とは何か。ささやかと思える言葉の指示範囲が、厳密で正確であることである。教師の言葉遣いは、あいまいなことが多い。「理解させる」「分からせる」「知らせる」「気付かせる」という指導案の用語さえ、まともに使いこなせる人間は少ない。

知性的とは何か。多くの意見の存在が認められることである。ただしそれぞれの意見には根拠がなければならない。好き勝手に、思いつきのままを言わせるだけの授業は非知性的である。

このような知性的な授業の中でこそ、子供たちは育っていく。

『学級集団形成の法則と実践』

子供の成長は教師の成長に規定され、教師の成長は子供の投げかける課題に規定される。

『向山学級騒動記』

（感動とは、例えば文章を読んで、「面白い、すばらしい」と強く心に感じることであり、分析とは、なぜそのように感じたのかを表現方法「この文は比喩を使っている」に根拠を求める読み取り方のことなどである。感動は授業を数時間積み重ねても深まるのではない。むしろ、その作品・文章に最初に出会った時の方が感動が深いことのほうが多い。学びを重ねて、深まり、豊かになるのはその文章表現の読み取り方である。）

「初発の感想」が、授業によって変わり、「終末の感想」において、感動がさらに深まるといった授業記録に対して、私は強い疑問をもった。

感想の中には、感動と分析の二つの面が含まれている。限られた授業時間の中で深まっていくのは分析の方である。他の芸術の授業と比較すれば分かりやすい。たとえば、音楽や図工の授業で、作品に対する感動を第一義的内容として扱うことはない。和音を教えたり、リズムを扱ったり、遠近法を習わせたり色の配合などを教えたりするのである。

それこそが、音楽や絵画における基本であり、小学校の教育内容としてふさわしいのである。

『すぐれた授業への疑い』

確かに、教育は技術だけではない。教師と子供の心のふれあいがないところに教育は成立しない。教師の温かさこそ教育の原点であると私も思う。

が、たとえば「非行問題」を「教師から見れば」（他の立場からの切り方もできる。社会から……、家庭から……）学力問題である。「勉強に付いていけない子供の大量発生」が、根底にある。学力問題を解決できれば、「非行問題」の九割は解決するといわれる。この解決は、教師にしかできない。学力問題を解決するには、専門的技量を必要とする。

『研究集団・調布大塚小学校』

係活動とは、文化・スポーツ・レクリエーションが中心となる。楽しいこと、面白いこと、やりたいことを、次から次へと企画させる。

楽しいことを企画し実行するから、子供たちは規律を作り出していくのである。

『学級集団形成の法則と実践』

昨日、宿題に出しておいた三〇秒間の自己紹介をさせた。

「たかが三〇秒、学校でできると思ってはいけませんよ。必ず家で練習してきなさい」と強く言っておいたのだ。

初めから三人聞いて中止させた。家でやってきていないのだ。

三〇秒は大人でも練習しなければできない。「やってきたのか」と聞くと「少し考えてきました」と言う。こういういいわけがましいのは嫌いだから追求する。

「どの部分を考えたのだ」、答えは、しどろもどろなのだ。

「やってきませんでした」と言った子もいた。他の子たちに「忘れた者?・」と聞くと一〇人くらい立った。「本当だな。これだけだな、うそじゃないな」と強く言うと、また五、六人立った。

さらに念を押すと、またぞろぞろ立った。

結局忘れたのは三分の二くらいであった。

「あれほど、うそやにせものは嫌いだと言っただろう。俺と君たちで作るこのクラスから、そんなことはなくさなければいけないんだ。三〇秒くらいどうにでもなると思った、その心がいやなのだ」と僕は熱っぽく語った。

教室の空気がピーンとはりつめていた。泣きそうな子が何人もいた。これでいいのである。こうしてこの子たちは強くなっていくのだ。ちなみに今日の朝「忘れました」と言ってきた子は一人であった。

『向山学級騒動記』

授業を楽しく知性的にしたい。授業の中で「俺は勉強ができないな。勉強がいやだな」と思う子がいないようにしたい。

みんなで生きていくルールもしっかり教えたいけれど、でも、時々枠からはみ出るような子供がいた方がいい。全員がルールをしっかり守っていて他人が破るのを許さないような教室は、それはそれで立派だけど、私はそんなのは好かない。先生の目を盗んで、いたずらをくり返して、叱られて舌をペロリと出しているような子がいた方がいい。

いっぱいいいた方がいい。


『小学四年学級経営　先生の通知表をつけたよ』


一人一人の人間がいる。十人十色だ。みんな考えがちがう。だから、人生は面白い。

一人一人が集まって、何となく群れになる。そんな中に、好奇心が強いのがいて「あれやろう」ということになる。他の人も「それやろう」ということになる。ここから、集団が始まる。

同好会も、サークルも、労働組合も、政党も、親睦会も、研究会も、みんなこうして作られたのである。教室における子供たちも、「あれやろう」と誰かが言い出して「それやろう」とみんなが言った時に、初めて集団になる。それまでは群れだ。

そういう集団の中でこそ、自分の役割も学べるし、「あれをどのようにやるか」という手続きも学べるし、「何をしてはいけないか」という規律も学べるのである。
「あれやろうか」「うんやろう」ということがなくて、手続きや規律だけを教えている教室があるらしいけれど、何か変じゃないかと思う。

『小学四年学級経営　先生の通知表をつけたよ』

すもうなんかもそうですが、円という中で限定されているから技術が発達していくんで、どうでもいいから好きなようにやろうじゃないか、というと、なかなか高度な技術は発達していかないと思うんです。限定するからこそ、練習したりつきつめたりしていく。

『すぐれた授業への疑い』

私は授業形態を次の三つに大別する。
㋐講義的授業　㋑対話的授業　㋒討論的授業
㋐は一斉授業であり、教師の計画に子供たちを引き込む形で授業はすすむ。
㋑は個別的授業であり、多くは㋐から取り残された子供に対して行われる。
㋒は主として子供同士の考えが闘わされて授業が展開する（討論と問答はちがう。問答は

㋐㋑をすすめるための一つの技術である)。

山登りにたとえる。

講義的授業は、子供たちをケーブルカーに乗せて頂上に連れていくのに似ている。対話的授業は、ケーブルに乗り遅れた子を、教師がおんぶしたりリフトに乗せたりして個別に運ぶのに似ている。

討論的授業は、子供たちが多くの登山口に分かれ、お互いに声をかけ合い情報を得ながら進路を修正し、頂上に登るのに似ている。

討論の授業の優秀さは、出発地点がばらばらでありながら、討論によって考えを修正してそれぞれのルートで頂上に至ることや、至り方を学ぶことにある。ルートが途中で合流することはあるが、登山口から頂上までの道は人それぞれなのである。

『すぐれた授業への疑い』

私は国語の授業で何をするのか。

私は、日常生活の中では身に付けることができないことを学ばせたいのである。自然に放置していては、決してできないことを教育したいのである。

たとえば、文章を書く力である。これは、自然に放置していては習得させることはできない。

たとえば、ある言葉が指示する範囲である。こうした、言葉の厳密な使用方法も教育しなければ身に付かない。

たとえば、漢字を書くことである。

日常生活の中で身に付けていける「言葉のおきかえ」などはほどほどにして、そのかわりに、しっかり教えなければ身に付かないことを教えるべきなのである。

『国語の授業が楽しくなる』

第7章

教室はダイナミックな生命力を宿す

病気の治療技術を開発した医師は、それを公開する義務を負う。思想・信条・国家のちがいを超えて公開される。それは検討・追試などの試練を経て人類の共有財産となる。優れた教育実践もまた、共有財産とすべき性格をもっている。

教育実践を共有財産にする上で、実践の公開と批判・検討は不可欠の条件である。立場の異なる多くの人々の批判・検討を経るからこそ、その真理性は高いものとなり、その後の人々は安心して受け入れるのである。

実践・研究の場には、このように誰しも安心してその実践・研究を受け入れるような、嘘や誤りを排除するような制度が存在しなければならない。

『跳び箱は誰でも跳ばせられる』

教育の仕事は、同じ主張をする人間だけでできるはずがない。賛成、反対、多くの意見のもみあいの中で、教育の仕事は成立するのである。

自分の実践をすべて出していくこと、それも様々な角度から出していくこと、あるいは、それら実践に含まれる規則性、法則性を明らかにしていくこと、そして熱意ある若い教師を骨太な実践者、理論家に育て上げていくこと、それが私の仕事である。

人生には多くの別れがある。卒業もその一つである。もともと教育とは、「別れることを目的とした営み」なのである。教育とは「もはや教育することを必要としない人間」に育てることを目的としている。自動車学校の目的は自動車学校に来なくてもよいような教育を、つまり運転技術の教育をすることである。

小学校の目的は、小学校教育を必要としない人間に育てることなのである。だから、教師にとって、教え子との別れは必然的なことなのである。その教師の教育が優れたものであればあるほど、完璧であればあるほど、教育を受けた教え子は、もはや教師を必要としなくなるからである。

教師は、教え子と完全な別れができるように日々の教育をすべきなのである。教師の仕事を全うしたことの証が教え子との別れであることは宿命的なものである。だから、教師である私は、いつも寂しさを抱いている。

『学級集団形成の法則と実践』

私は裏文化が好きである。

子供を、ぜひとも裏文化の中で育てたいと思っている。

ちょっぴり欲をいえば、知的雰囲気をかもし出すような裏文化であってほしい。

知的雰囲気をかもし出す裏文化は、強烈な好奇心を必要とする。

一つのことをあれこれひねって考えてみる頭脳を必要とする。

自分自身さえ否定していけるシャレの心を必要とする。

与えられたことを一直線に学習する優等生の文化とは異質なのである。


『向山学級騒動記』


裏文化は優等生文化が足元に寄れないほど、強烈で個性的で知性的であると考えている。

子供たちが次々と起こす騒動・事件こそは、大切な教育の場である。

子供たちのケンカ、はみ出し、遊び、強がりを取り入れていくことによって、教室はダイナミックな生命力を宿すのである。


『向山学級騒動記』

（子供のしたいたずらを本人に謝罪させたのを受けた先方が、広い心で受け入れて、ていねいなご挨拶をいただいた。）おわびに行かねばならないのは、私どもの方である。私は、心からありがたいと思った。

子供のことだから、再び三たびこういうことは起こるだろう。それが子供である。

そうした時、それをきちんと越えさせてやるのが教育である。

大切なのは事件が全くなくなるように予防することではない。

一つ一つの出来事を越えさせてやることである。そこに大切な教育の場がある。

『向山学級騒動記』

出会いとは、人生に意味をあらしめている最高のものだと思う。

今までの連続性を断ち切られるような、非連続的な（非日常性の）緊張ある出会い。

今までの何かが否定され、新しい何かが生まれるような出会い。ただ単に知り合うのではなく、自分の何かとかかわっていくような出会い。

そうしたことを具現させていきたいものだ。だから、私と、子供たちが、真の意味で出会うには、しばらくの時間がかかるにちがいない。

私が、どんな時であろうと、厳しいのは(教科外では)次の二点だけである。第一は、生命の安全に関すること。第二は、集団の行動に著しく迷惑をかけること。

『向山学級騒動記』

教師の生活に流れる叙情性は、出会いと別れの宿命にこそある。全くの偶然で出会った、なにがしかの人間が、生活の場を共にし、人生のある部分を刻み、その刻みに応じた思いをいだいて別れていく。

教師は渡り鳥にも似ている。何年ごとかに学校を移り、見知らぬ他人とチームを組み、見知らぬ子供と生活を共にし、やがて、どこかに去っていく。

『向山学級騒動記』

降りしきる雪の白さにも似て、目も眩むような出会いもあれば、誰にも告げ得ぬ秘密を共にもつこともある。

子供たちとの生活は、ある意味で人生の縮図のようだ。引くに引かれぬ人生の厳粛さが存在する。書き換えることなど不可能なのだ。

だから私は言い訳をしない。この一年間の生活は、私にとっても人生そのものだったのだから……。

たとえそこに、多くの未熟さと誤りがあったとしても、私の想いは真実だったのだから……。

『向山学級騒動記』

犯した過ちを相談されて、崩れ落ちそうな心の傷にふれて、空いばりをする表情を見て、私は何度子供をいとおしいと思ったことか……。

私にできぬことで口惜しさを何度味わったことか……。

教師であるから教師らしく

人間であるから人間らしく

男であるから男らしく

私はそのように子供たちと、あろうとした。

教育は、共に未来を語り、共に夢を語ることだという。計算のあれこれを学び、漢字のあれこれを学ぶことも無論大切なことだ。それらの一つ一つは、諸君の未来にとって必要とされるからである。しかし、それらの何百、何千を集めたものよりも大切なことが教育にはある。

『向山学級騒動記』

人間が人間であることである。

人間としての、優しさ、温かさ、細やかさ、強さをもっていることである。そうした人間らしさに、敏感なことである。注意深いことである。

『向山学級騒動記』

しばしば約束を破る人を、諸君は真の友人として認めるだろうか？　自分だけ好き勝手なことをする友人を、諸君は真の友人とするだろうか？　しばしば教師に告げ口をする人間を、諸君は友人として選ぶのだろうか？

そんな人間を、誰しも友人として選びはしない。

たとえ、遊びがへたで勉強ができなくとも、約束を守り、公平であり、かげひなたのない人間を友人として選ぶと思うのだ。


『向山学級騒動記』


人間と人間のあいだには、絆には、何よりも大切なものがある。

教育もまた同じである。教育は、人間が人間を教える営みであるからだ。従って、教育の世界では、教え教えられるお互いのあいだに、信頼がなくては成り立たない。お互いの信頼の上にこそ、教育は初めて可能なのである。


『向山学級騒動記』


諸君が僕に、平等であることを望むなら、僕もまた諸君に平等であることを望む。

諸君が僕に、温かさを望むなら、僕もまた諸君に温かい心のもち主であることを望む。

諸君が僕に、努力する教師であることを望むなら、僕もまた諸君に努力する生徒であることを望む。
諸君が僕に、困難にくじけず、失敗をおそれず、前進する教師であることを望むなら、僕もまた諸君に同じことを望む。

『向山学級騒動記』

僕は子供たちのためなどと思って教師になったのでもなければ、よい先生になれるなどと思って教師になったのでもない。自分の人生がそこにあるように思ったからであり、自分が生きていけるように思ったからである。
僕は「子供が好きである」「子供のために何かしてやりたい」というような考えで教師になったのでもなければ、現にそういう考えで教育をしているのでもない。極端に言えば、そういう考えは全くないし、そうした優美な考え方も嫌いである。教師になったのは自分自身のためである。他のいかなる職よりも、教育という営為が、僕の生きている証を刻んでくれると思ったからであり、自己の存在感が実感できると思ったからである。

『向山学級騒動記』

たった一つのドラマで、口先だけで、人間が変わるのでしたら、教育ほど楽なことはない。反対に、何度も失敗し何度も裏切られ何度もみじめな思いをし、そしてなおその中に可能性を見出すことに教育の原点はある。

『向山学級騒動記』

私と私たちのことが過去のものとなるような、そんな豊かな人生であってほしい。
そうしてこそ、私は魂の技師といわれる教師の仕事を果たしたことになるのだ。鮮明な印象はなくなってもよい。
(私は)君たちと共にある時はできるだけ巨大に偉大に立ちふさがり、別れた後は、共に過ごした時間を乗り越えるほどの、その時間を単なる過去のものとするような豊かな君たちの人生であることを願う。
まさしくこれが教師と教え子との宿命であり、だからこそ教師である私はいつも寂しい。

『向山学級騒動記』

俺だって　やはり寂しい

俺だって悲しい
しかし
俺はそうした感情をふり払い
諸君にもう一度教えねばならない
別れがあるから人の世は美しく
出逢いがあるから人の世はすばらしい
のだと
諸君と俺が永遠《とこしえ》に一緒であったら
人生は実にたいくつなものとなるだろう
そこには
成長もなく
出逢いもなく
ときめきもなく……
　別れのない成長などないのだ
　別れのない出逢いなどないのだ

『向山学級騒動記』

私は実践家として、斎藤氏の実践およびその実践分析の不十分な点を主張していくつもりです。そうしてこそ、彼の本当に優れた点、学ぶべき点と不十分な点が明らかになると思うからです。そして、そのことはまた、教育実践の研究方法に、なにがしかの点を、残すと思うからです。一ほどのことしかないのに百(いや万)ほどの結論を導き出す、各学校の研究にも影響を与えると思うからです。全国の百万の教師が、たとえば、「水泳の浮き方」「ひら仮名入門」など、限定した研究を一年間に一つでもまとめ、それが蓄積されれば、教育学の質が全くちがったものになると思うのです。そういうような研究が、個々人でも学校でも、ほとんどされていないことが、大きな問題と思うのです。

『すぐれた授業への疑い』

つまり「組織的活動」において、「組織」を動かすにしても「活動」をするにしても、その責任者が重要な役割を果たすわけである。トラブルがなく「組織」を動かし、「活動」をするためには、責任者は力がある方がよい。「リーダー」はかくして重視されるわけである。

ところが私は、トラブルはあった方がよいと考える。学校は教育の場なのである。生産性を向上させるようなシステムを、子供の中に作らなくてよいと考えている。教育の場である以上、子供が最も成長する場に全員をつかせたいと思っている。「組織」を動かし「活動」をすることにおいて、最も成長する場とは何か？　もちろん、責任者の位置、リーダーの位置である。

だから私は、「責任者」の位置は、本人が希望すれば他のいかなる条件も付加されないでなれるようにしておいた方がよいと考えている。

『小学六年学級経営　教師の成長は子供と共に』

教室は子供が生きていくための場であるがしかし、それだけではない。

教室は子供が生きている場でもある。

その一瞬、その一瞬を、子供は生きている。

教室は教師である私の仕事の場であるが、しかし、それだけではない。

教室は、教師である私が生きている場でもある。

その一瞬、その一瞬を、教師は子供と共に生きている。

だから、私は、子供たちと楽しい生活を送りたい。

『小学四年学級経営　先生の通知表をつけたよ』

教育とは何だろうと考えた。それは一人一人の子供に次の四つを育てることだと思う。

第一にロマンがある。

第二に自分をだめと思わない。

第三に努力を持続できる。

第四に一定の学力・技能の蓄積がある。

そして、これらのことをひっくるめて、生命力の強さがあるというのだと思う。

人間だから、この四つが完全になっているなんてことはありえない。しかし、そのうちの一つでも二つでも前よりかは進歩しているとしたら、教育はその役目を果たしたのだと思う。

『小学六年学級経営　教師の成長は子供と共に』

子供たちには、真実を見抜いていく方法・態度、どのような道を選ぼうと、プロになっていくのに必要な上昇志向性、そのための体力と、不屈な精神を培ってもらいたいと思っているし、そうしたことを軸にした教育をしたいと思っている。

『教師の成長は子供とともに』

中学生で道草をしてそばを食べた子供が正義感がないわけではなく、それを見てわざわざ先生に告げ口した子に正義感があるわけではない。そんなことを中学生にもなって、わざわざ教師に告げ口するような、根性のいやしい人間に、私の教え子はなってほしくない。ルール違反を叱った後で、「今度私も連れていけ」と言える教師でありたい。

『教師の成長は子供とともに』

私はごうまんではあるが、プロ・芸に対しては謙虚だと書いた。もっと言うと人間くさいものにも素直である。誠実さ、ひたむきさ、美しさ、あたたかさ、そうしたことに素直である。多分、人並みはずれて素直である。だから私は、浪花節が好きで、義理・人情が好きだ。

『教師の成長は子供とともに』

私の教育の原点は、「子供が好き」とか「教えるのが好き」とかいうきれいなものではない。怨念と憎悪である。小学校時代にいだいた、教育における差別への怨念と憎悪である。そうした悲しい心を、小学生にして抱いてしまった、自分を含めた人間へのいとおしさである。

『教師の成長は子供とともに』

何度も言うように、非個性的などんぐりの背くらべをつくるために差別を嫌うのではない。その逆に、どの子もそのもてる力を最大限発揮し、自分本来の力を伸ばしてもらいたいためにである。「優等生」の位置に安住し、「劣等生」の位置に居すわることは、双方にとって不幸である。

『教師の成長は子供とともに』

教育の仕事はもともと時間がかかるわけだから、手品のようにはいかない。二五メートル泳げるようにさせるには、それなりの労力も時間もかかる。その労力を払う苦しさは、本人と教師しか知らない。泳ぐ距離が一〇メートルから一五メートルになっただけでも、そこに払われた労力と時間の大きさゆえに、子供は全身で喜びを表す。しかし本人と教師以外は、ごく身近な母親でさえ「まだ一五メートルなの？　もっとがんばりなさい」と、こともなげに言う。そこに払われた一人の子供の労力と苦心に対して、ひとことで終わる。

『教師修業十年』

しばしば親は、頂上を見て子供をせきたてる。

しかし、教師は子供を教育する場合一歩一歩しか前進できない。いや、一歩進むのさえ僕は全力を傾け、全精神をすりへらす。それが仕事というものだと思う。

『教師の成長は子供とともに』

ささやかな前進に、全身全霊を傾ける職を選んで僕はよかったと思っている。

『教師の成長は子供とともに』

人間として許せないこと、他の人間の成長のさまたげになること、こういう大切なことのルールを確立するのは、教師の仕事である。いくらコンピュータによる教育が学校教育に入ってこようと、人間が人間を育てるという根幹はとって代わることはできない。

だから教育の仕事はおそろしい。

つまり、「人間を育てるのは人間であるというおそろしさ」と対峙せずには、教育はできないのである。人間として許せないことに鈍感な教師は、教師を辞めた方がいいのだ。だから、自分こそ正しいと信じ切っている人間も教師にふさわしくない。これで本当にいいのだろうか、自分だけで教えてしまっていいのだろうかというおそれをもち続ける人こそ、かろうじて教育の仕事をしていけるのである。

『小学一年学級経営　教師であることを畏れつつ』

自分が一年から六年まで六年間担任すれば、すばらしい学級ができるなどという教育に対する思い上がった態度をもつ人間は、教育の世界では害毒なのだ。二年間も同じ子を教えていいのだろうか、三年間も教えることになったらどうしよう、他の先生にも教わった方がいいのではないか、と、絶えず悩みぬく人間こそ、教師にふさわしい資質をもっているのである。

『小学一年学級経営　教師であることを畏れつつ』

第8章

教師修業一五年、道程は悠か遠く

教師には「できるようにさせる意志と努力」を放棄することは許されない。医師が、どれほど重症の患者に対しても、治療することを放棄することは許されないように。「できなくてもしかたがない」ということは、人さまが判断した時の言葉だと思う。仕事に就いている人には、仕事の中身を放棄することは許されないのだ。それほどの責任があるのだと思う。

『跳び箱は誰でも跳ばせられる』

教師は一人一人の子供の可能性とめぐり合う時、心がはずむ。そして、子供がもつ困難と向かい合った時、「大丈夫かな」と、自分の技量に疑いを抱く。

子供がもち込む困難はいつも同じではないからだ。人それぞれに抱えている問題もちがう。教師は、いつも応用問題を解いているのである。

そんな時は、自分がむしょうに頼りなく感じられる。

『跳び箱は誰でも跳ばせられる』

たしかに授業あっての授業理論である。しかし子供あっての教師でもある。子供あっての授業でもある。子供の成長にとって、教師の成長・変革が必要なら、それを避けてはならないと思う。

たとえば私の授業を斎藤氏に見ていただくとしたら、私は恐怖を感じるだろう。たぶん氏は、著書の中にあるように私の授業を叩《たた》き鱠《なます》のようにするであろうから。

たとえば、私の実践記録を宇佐美氏に読んでいただくとしたら、私は恐怖を覚えるだろう。氏は私の実践記録を鱠に叩くように分析されるであろうから。

たとえば、それに近いことを、私は今までの教師生活で避けてきただろうかと自問してみる。叩き鱠のようになったことは何度かあった。しかし私はそのことを避けてはこなかった。他人によって、自分の仕事を否定されることで、より確かな内容を築き上げてきたように思える。鱠に叩かれることこそは、私の教師としての成長をもたらしてくれた要因の一つであると思っている。

『すぐれた授業への疑い』

「克服できないかもしれないが、克服する努力を続けるのが教師の仕事」と思っているのです。臨床医と同じように……。（中略）

（成功とか失敗ということが）よく分からないのです。「これが失敗だ」と感じたことは、僕はないのです。誤解しないでください。「これは成功だ」と考えたこともないのです。「これでいいか、これでいいか、これで精一杯だ」の連続なのです。

教育の仕事で挫折を感じたことはありません。くやし涙にくれたことはあります。自分の力のなさに泣いたことはあります。それはあの本（『教師修業十年』）にも出ています。しかし、挫折ではありません。

『すぐれた授業への疑い』

担任となって二年、私としては三代目の卒業生を送り出そうとしている。私を超えていく子供たちであるように、そのためにこそ、超えられるだけの価値のある教師にと、自分にむちうってきた。「何もできなかったのではないか」「子供をだめにしたのではないか」そんな思いがしきりとする。

でも、私は私なりに精一杯やった。「あの時ああしたら」とは思う。しかし、その「あの時」でも私は全力をつくしていたのだ。そこが力の限界であったのだ。「あの時」は、やはりそれ以上のことはできなかったのだ。自分で精一杯やったと思うからこそ、自分の限界がやたらと目に付く。だから、私は保護者に弁解はしない。「私は全力を挙げたのです。これが私のすべてなのです。」ただ、力の足りなさは、子供たちに心からわびたいと思う。「ごめんよ君たち！　力が足りなくて。でも先生は、先生なりに君たち一人一人のことを思い全力を尽くしたんだ」

『小学六年学級経営　教師の成長は子供と共に』

教師の苛酷な努力から生まれる、かすかな教育の成果にむなしさを感じられる人間であり、そして、そのむなしさをバネとして、必死の次なる教育の営みにぶつかれる人間でなければ、自己をそのようにしようとせめている人間でなければ、この困難な状況の中で、この困難な仕事を為し遂げることはむずかしいと思う今日このごろである。

『教師の成長は子供とともに』

「一匹狼のたくましさと野武士のごとき集団を」
その心と、その魂を自らのものとしていけ。
一匹狼とは、一人ぽっちの狼をいうのではない。

一人で何もできない弱虫の狼をいうのではない。
たった一人でも、集団に立ち向かえる
勇気と力をもった狼をいうのだ。
それだけの内容と質をもった狼をいうのだ。
そしてそれは、多くは敗北の中から作られる。
負けて、負けて、負けぬいて、その中から
なお立ち上がることから作られる。
敗れ傷付いた狼が、再び起きて炎《も》え上がる
そんな強さをもった人間になれ。

『教師の成長は子供とともに』

私は自分の仕事に全力を挙げることを連帯の証とします。あなたも、ご自分の仕事の場でがんばってください。
歯をくいしばってがんばるのは止めましょう。
楽しくがんばりましょう。

教師が楽しい教師生活を送ることが、子供へ反映します。

『教師であることを怖れつつ』

教室の中で自己と子供の可能性を追求する闘いは、傍の者には日常的な日々の出来事として流され忘れられていくことだが、闘う者には安息なき追跡の日々である。

『向山学級騒動記』

力足らざることを補い、力及ばざることを越え、
教師修業を一五年。
しかし、なお私は
山麓の一旅人にすぎない。
道ははるかに遠い。

『向山学級騒動記』

解説

子供にとって価値ある教師を目指す時に努力すべきポイント、目標が抽出されている

日本理科教育支援センター　小森栄治

1　珠玉の言葉との出会い

本書には一九八〇年代から発刊された教育技術法則化運動の一七冊の本から選び出された文章が収められている。どのページを開いても、心に残る言葉との出会いがある。

私は一九八〇年に中学校理科教師となった。子供のころから理科大好き人間だった。中学生に理科の楽しさを伝えたい一心で教師になった。

大学では学校現場で役立つ実践的な指導法を教えてくれない。私は教員養成コースのない工学部工業化学科出身だった。指示、発問のしかた、学級経営や子供を動かすコツなど何にも知らなかった。

そんな状態だから、理科実験は何とかできても、授業中「わかんねぇ」という声が上がったり、突っ伏して寝ている生徒や出歩く生徒がいたりした。学級の女子生徒たちから嫌われたこともあった。

そんな自分にとって、本書で紹介されている向山洋一氏の数々の本は、教師としての成長の源泉であった。

2 指示・発問は短く限定して述べよ 『新版 授業の腕を上げる法則』より

私は中学教師にありがちな長々しい説明をしていた。そもそも、指示や発問ということ自体を意識していなかった。

教育技術の法則化運動との出会いで、指示、発問の重要性を学んだ。法則化論文では、教室で発したとおりの指示、発問を書く。それまで意識しないでダラダラしゃべっていた自分を猛省した。

本書には「考え抜いた発問(言葉)を、正確にくり返せることが大切」とある。何度言っても同じになる、短く研ぎ澄まされた指示や発問でなくてはならないことを学んだ。

しかし、なかなか効果的な指示や発問は見いだせなかった。そんな中でようやく、自分なりに確定できた数少ない指示を紹介する。

顕微鏡観察のスケッチを「ていねいに描きなさい」と指示しても、効果がなかった。どのように描けば「ていねい」なのか生徒には分からない。「ていねい」という言葉を使わずにどう指示したらよいか悩んだ。

円の中にスケッチを描くのをやめ、「見えたものをそのまま描くのではなく、一つ（の花粉、細胞など）を自分の目で拡大して描きなさい」と指示した。それまで小さな丸をいくつも描いていた花粉のスケッチが、表面の模様まで描かれた大きな一粒の花粉になった。

本書にある「『指示する言葉』は何でもよいのではない。それによって『子供が変化する言葉』が必要なのである」を身にしみて感じた。

3　係とは、文化・スポーツ・レクが中心となる　『学級集団形成の法則と実践』より

「楽しいこと、面白いこと、やりたいことを、次から次へと企画させる」と続く。係と当番の区別すら意識していなかった私にとって、目からウロコのような言葉だった。

授業時数確保という大義名分のもと、学校から楽しい活動が減りつつある時に、「イベント係」をクラスに作った。入学式の翌週にクラスレクを企画させた。きちんと司会進行して、楽しくできた。中学生は、やらせればできる。活躍の場を作っていなかっただけだと反省した。

生徒にアドバイスしながら、夏には「かき氷パーティ」、冬には「チョコバナナ大会」

と食べる企画も実施した。イベント係がかき氷にかけるシロップの希望をとって買い出しをした。給食調理室の大型冷凍庫でバナナを氷らせていただいたお礼に、できあがったチョコバナナを調理員さんに届けた。

私は当時学年主任だった。他のクラスでも追試できるよう、水を氷らせる大きなプリンカップを貸し出したり、チョコバナナの作り方を学年教師に伝えた。学年全体のレクも学級委員の生徒たちに企画、進行させた。「楽しいことを企画させる」という言葉に出会っていなかったら、実践できないことであった。

4　ＴＯＳＳメディアでキーワードから書籍、本文を検索できる時代に

本書は、多くの本から選ばれた言葉との出会いの場になっている。気になる言葉があったら、ＴＯＳＳメディアで書籍の串刺し検索、全文検索ができる。

「イベント係」と検索すると、『学級経営を成功させる②』『向山の授業理論０１６　学級崩壊からの生還』が該当する書籍として表示される。それぞれの書籍で「イベント」と検索すると該当ページに飛べる。実践をくわしく読める。すごいシステムだ！

それまでに「見えていない」部分が「見える」ようになることが、教師としての成長を示す

東京都公立小学校　小貫義智

1　荒れたクラスで「生きていく気力」を育てる大切さに気づく

二〇代の終わり頃、二年連続で学級崩壊をしたクラスを担任した。授業中、一部の子供たちが机の上を走って鬼ごっこをしていたそうだ。教師の体罰も行われていたらしい。

そのクラスを四年生で担任した。その時に強く意識していたのは、本書に収められている次の言葉だ。

> 指示・発問は短く限定して述べよ。

短く、具体的な指示をして、子供を褒めるように意識した。そして、法則化の本を読んで追試を行った。四月中に学級は落ち着いた。

その年度限りで異動が決まっていた私に、保護者は「校長先生にお願いして、卒業までこの学年を担当してほしい」と言ってくれた。

しかし、私には大きな心残りがあった。そのクラスには、前年度までに荒れた雰囲気に耐えきれず不登校になってしまった子が二名もいた。毎週のように家庭訪問をするなど、精一杯のことを行ったつもりだ。その内の一人は教室の入口まで来ることができた。けれども結局、最後まで二人とも教室で授業を受けることができなかった。

> 教育の最も根本的な目標をただ一つだけ挙げろと問われたら「人間の生きていく気力を育てることである」と言える。
> 「生きていく気力」があって次に「生きていく技、つまり学問など」を身に付けさせるのである。

当時の私は、その子たちの気力を十分に育てることができなかったのだ。それ以来、「どんなにやんちゃな子であっても学校にきてくれさえすればいい」と強く思うようになった。学校に来てくれれば、毎日顔を合わせられる。そうすれば、毎日褒められる。具体的に褒めることで、子供の気力を育てることができるからだ。

2　具体的な追求が教師の腕を上げる

> （教師の）腕とは、日々の子供の教育をどうするかという絶え間ない追求によって、

自分のものとして創り出していくものである。

教師の仕事の中心は授業である。授業の中で子供を褒め、そして気力を育てたい。そのために行った追求の例を紹介する。

向山型算数が世に出た一九九八年頃、向山氏は「言葉を1／10に削れ」とよく書いていた。私もそれを意識していた。それなりに言葉は削れているだろうと感じていた。

二〇〇一年のある時、授業を録音して聞いてみた。あまりの無駄な言葉の多さに驚いた。

そこで、算数の一単元すべてを録音して文字に起こし、必要ないと考えたところを削る作業を行った。ＭＩＤに録音をした授業を、子供の反応も含めて文字にする。四五分の授業を文字にするのにどんなに急いでも二〜三時間はかかる。その後さらに言葉を削り、再構成する作業に一時間以上かける。毎晩四時間はかかった。一日ためると嫌になる。二日ためるとやらなくなる。そう言い聞かせながら毎日行った。

その作業を終えしばらく経った頃、授業の言葉が以前よりもすっきりしていることに気がついた。子供たちの反応もよくなっていた。

まずは自分の授業を聞いてみることだ。そう勧めると「そんなこと怖くてできない」という反応がある。授業のひどさを目の当たりにすることが怖いと言うのだ。

その気持ちはよく分かる。だが、そのような教師にこそ文字起こしを勧めたい。子供たちはその授業を毎日聞いているのだから。

3 「見える」ようになることが教師の成長を示す

多くの人に「見えない」ことが見えるようになるのには、自分自身が「見えていない」ことに気が付くのが不可欠である。それまでのあいだは、「自分は見えている教師だ」と錯覚しているのである。「見えていない」ことに気が付いた教師によってこそ、本当の教育は創られていく。

本書には向山洋一氏の著作群から、全国の教師が選んだ言葉たちが収められている。短い文の中に、向山氏の考え方のエッセンスが凝縮されている。その時々によって心に残る言葉は違ってくるはずだ。それは、それまで「見えていなかった」ことが「見える」ようになったことの表れである。それは教師としての成長の現れだ。

そして、心に残った部分があれば、ぜひ原典に当たってその前後の文章も読んでいただきたい。それによってさらに「見えていない」部分が見えてくるはずだ。

学芸みらい教育新書 ⓯

新《しん》版《ぱん》 法《ほう》則《そく》化《か》教《きょう》育《いく》格《かく》言《げん》集《しゅう》

2016年3月15日　初版発行

著　者　向《むこう》山《やま》洋《よう》一《いち》
発行者　青木誠一郎

発行所　株式会社学芸みらい社
〒162-0833 東京都新宿区箪笥町31 箪笥町SKビル
電話番号 03-5227-1266
http://gakugeimirai.jp/
E-mail：info@gakugeimirai.jp

印刷所・製本所　藤原印刷株式会社

ブックデザイン・本文組版　エディプレッション（吉久隆志・古川美佐）

ISBN978-4-908637-10-0 C3237

学芸みらい社　既刊のご案内

分類	書名	著者名・監修	本体価格
	教科・学校・学級シリーズ		
学校・学級経営	中学の学級開き　黄金のスタートを切る3日間の準備ネタ	長谷川博之（編・著）	2,000円
学校・学級経営	“黄金の1週間”でつくる　学級システム化小辞典	甲本卓司（編・著）	2,000円
学校・学級経営	小学校発ふるさと再生プロジェクト 子ども観光大使の育て方	松崎 力(著)	1,800円
学校・学級経営	トラブルをドラマに変えてゆく教師の仕事術 発達障がいの子がいるから素晴らしいクラスができる！	小野隆行(著)	2,000円
学校・学級経営	ドクターと教室をつなぐ医教連携の効果　第２巻 医師と教師が発達障害の子どもたちを変化させた	宮尾益知(監修)　向山洋一(企画) 谷　和樹(編集)	2,000円
学校・学級経営	ドクターと教室をつなぐ医教連携の効果　第一巻 医師と教師が発達障害の子どもたちを変化させた	宮尾益知(監修)　向山洋一(企画) 谷　和樹(編集)	2,000円
学校・学級経営	生徒に『私はできる！』と思わせる超・積極的指導法	長谷川博之(著)	2,000円
学校・学級経営	中学校を「荒れ」から立て直す！	長谷川博之(著)	2,000円
教師修行	教員採用試験パーフェクトガイド　「合格への道」	岸上隆文・三浦一心(監修)	1,800円
教師修行	めっちゃ楽しい校内研修 ―模擬授業で手に入る“黄金の指導力”	谷 和樹・岩切洋一・ やばた教育研究会(著)	2,000円
教師修行	フレッシュ先生のための　「はじめて事典」	向山洋一(監修)　木村重夫(編集)	2,000円
教師修行	みるみる子どもが変化する　『プロ教師が使いこなす指導技術』	谷 和樹(著)	2,000円
道徳	「偉人を育てた親子の絆」に学ぶ道徳授業〈読み物・授業展開案付き〉	松藤 司＆チーム松藤(編・著)	2,000円
道徳	子どもの心をわしづかみにする　「教科としての道徳授業」の創り方	向山洋一(監修)　河田孝文(著)	2,000円
道徳	あなたが道徳授業を変える	櫻井宏尚(著)　服部敬一(著) 心の教育研究会(監修)	1,500円
国語	先生も生徒も驚く日本の「伝統・文化」再発見２ ～行事と祭りに託した日本人の願い～	松藤 司(著)	2,000円
国語	先生も生徒も驚く日本の「伝統・文化」再発見 【全国学校図書館協議会選定図書】	松藤 司(著)	2,000円
国語	国語有名物語教材の教材研究と研究授業の組み立て方 〔低・中学年/詩文編〕	向山洋一(監修)　平松孝治郎(著)	2,000円
国語	国語有名物語教材の教材研究と研究授業の組み立て方	向山洋一(監修)　平松孝治郎(著)	2,000円
国語	先生と子どもたちの学校俳句歳時記 【全国学校図書館協議会選定図書】	星野高士・仁平勝・石田郷子(監修)	2,500円
社会	アクティブ・ラーニングでつくる新しい社会科授業 ニュー学習活動・全単元一覧	北俊夫・向山行雄(著)	2,000円
社会	教師と生徒でつくるアクティブ学習技術 「ＴＯＳＳメモ」の活用で社会科授業が変わる！	向山洋一・谷 和(企画・監修) 赤阪 勝(著)	1,800円
社会	子どもを社会科好きにする授業 【全国学校図書館協議会選定図書】	著者：赤阪 勝	2,000円
理科	子どもが理科に夢中になる授業	小森栄治(著)	2,000円
英語	教室に魔法をかける！　英語ディベートの指導法 ―英語アクティブラーニング	加藤 心(著)	2,000円
音楽	子どもノリノリ歌唱授業　音楽+身体表現で“歌遊び”68選	飯田清美	2,200円
図画・美術	ドーンと入賞！”物語文の感想画”　描き方指導の裏ワザ２０	河田孝文(編・著)	2,200円
図画・美術	絵画指導は酒井式パーフェクトガイド 丸わかりDVD付：酒井式描画指導の全手順・全スキル	酒井臣吾・根本正雄(著)	2,900円
図画・美術	絵画指導は酒井式で！　パーフェクトガイド 酒井式描画指導法・新シナリオ、新技術、新指導法	酒井臣吾(著)	3,400円
体育	子供の命を守る泳力を保証する 先生と親の万能型水泳指導プログラム	鈴木智光(著)	2,000円
体育	全員達成！　魔法の立ち幅跳び 「探偵！ナイトスクープ」のドラマ再現	根本正雄(著)	2,000円
体育	世界に通用する伝統文化　体育指導技術 【全国学校図書館協議会選定図書】	根本正雄(著)	1,900円
算数・数学	数学で社会／自然と遊ぶ本	日本数学検定協会　中村 力(著)	1,500円
算数・数学	早期教育・特別支援教育　本能式計算法	大江浩光(著)　押谷由夫(解説)	2,000円

2016年3月

学芸みらい社

学芸みらい社　既刊のご案内

書名	著者名・監修	本体価格
教育を未来に伝える書		
あなたはこども？ それともおとな？　思春期心性の理解に向けて（シリーズ　みらいへの教育３）【全国学校図書館協議会選定図書】	金坂弥起	1,800円
大丈夫、死ぬには及ばない　今、大学生に何が起きているのか（シリーズ　みらいへの教育２）	稲垣 諭	2,000円
奇跡の演劇レッスン「親と子」「先生と生徒」のための聞き方・話し方教室（シリーズ　みらいへの教育１）	兵藤友彦	1,500円
かねちゃん先生奮闘記　生徒ってすごいよ	兼田昭一（著）	1,500円
すぐれた教材が子どもを伸ばす！	向山洋一（監修）甲本卓司＆TOSS教材研究室（編著）	2,000円
教師人生が豊かになる『教育論語』師匠 向山洋一曰く ――１２５の教え	甲本卓司（著）	2,000円
向山洋一からの聞き書き　第2集　2012年	向山洋一（著）　根本正雄（著）	2,000円
向山洋一からの聞き書き　第1集　2011年	向山洋一（著）　根本正雄（著）	2,000円
バンドマン修業で学んだ　プロ教師への道	吉川廣二（著）	2,000円
向こうの山を仰ぎ見て	阪部 保（著）	1,700円
教育の不易と流行	ＴＯＳＳ編集委員会（編さん）	2,000円
アニャンゴ（向山恵理子）の本		
翼はニャティティ　舞台は地球　【全国学校図書館協議会選定図書】	アニャンゴ（著）	1,500円
アニャンゴの新夢をつかむ法則　【全国学校図書館協議会選定図書】	向山恵理子（アニャンゴ）（著）	905円
もっと、遠くへ　【全国学校図書館協議会選定図書】	向山恵理子（アニャンゴ）（著）	1,400円
一般書		
雑食系書架記	井上泰至（著）	1,800円
日本人の心のオシャレ	小川創市（著）	1,500円
信州倶楽部叢書		
意志あるところに道は開ける	セイコーエプソン元社長 安川英昭（著）	1,500円
ノブレス・オブリージュの「こころ」	文化学園大学 理事長・学長 大沼 淳（著）	1,500円
シェスタシリーズ		
父親はどこへ消えたか　-映画で語る現代心理分析-	樺沢紫苑（著）	1,500円
国際バカロレア入門　融合による教育イノベーション	大迫弘和（著）	1,800円
ノンフィクション		
銀座のツバメ　【全国学校図書館協議会選定図書】	金子凱彦（著）佐藤信敏（写真）	1,500円
二度戦死した特攻兵　安部正也少尉	福島 昂（著）	1,400円
児童書		
超救助犬リーブ　【全国学校図書館協議会選定図書】【日本図書館協会選定図書】【埼玉県推奨図書】	文：石黒久人 絵：あも～れ・たか	1,300円
絵本		
流れ星のねがいごと	大底茅里（作・絵）	1,200円

学芸みらい社